Köstliche Rezepte von der Ostseeküste

Kochen mit den Schätzen aller Jahreszeiten

von
Petra Burdorf

ISBN 978-3-9815376-4-2
1. Auflage

© 2012 Meergeschichten
Medien Agentur Czellnik
Burg, Mühlenstraße 43, 23769 Fehmarn

Telefon 0 43 71 / 16 20
Telefax 0 43 71 / 55 32

www.meergeschichten.de

Autorin: Petra Burdorf
Satz und Layout: Claudia Czellnik
Lektorat: Beate Dillmann-Gräsing

Bilder
Titel und Umschlag: Strand: Rolf Kollenberg
Steine: Fotolia Perry
Gemüsekorb: Fotolia Yantra
Kohlarragement: Fotolia Wolfgang Jargstorff

Alle in diesem Buch enthaltenen Rezepte, Angaben usw. wurden von der Verfasserin Petra Burdorf nach bestem Wissen erstellt und von ihr mit größtmöglicher Sorgfalt überprüft. Dennoch sind Fehler nicht völlig auszuschließen. Daher erfolgen alle Angaben usw. ohne jegliche Garantie des Verlages oder der Autorin. Beide übernehmen deshalb keine Verantwortung und Haftung für etwa vorhandene inhaltliche Unrichtigkeiten.

Das Werk einschließlich aller seiner Teile ist urheberrechtlich geschützt. Jede Verwertung außerhalb der engen Grenzen des Urheberrechtsgesetzes ist ohne Zustimmung des Verlages unzulässig und strafbar. Das gilt insbesondere für Vervielfältigungen, Übersetzungen, Mikroverfilmung sowie Einspeicherung und Verarbeitung in elektronischen Systemen.

Köstliche Rezepte von der Ostseeküste

Kochen mit den Schätzen aller Jahreszeiten

von
Petra Burdorf

Köstliche Rezepte von der Ostseeküste
Kochen mit den Schätzen aller Jahreszeiten

Ich hatte einen Traum	16
Vollwertkost - wie kam ich dazu?	17
Dies ist ein vegetarisches Kochbuch!	18
Hinweise zur Zubereitung der Rezepte	19
Keine Zeit für Vollwertkost?	20
Salz	22
Gute Gründe für Vollkornmehl	23
Hefeteig	24
Biohefe	24
Hefeteigzubereitung	25
Brandteig	25
Backpulver	25

Frischkost

Avocado–Salat	26
Der Rosa Salat	27
Blumenkohl-Möhrensalat	27
Bunte Platte mit Dipp	28
Kürbis-Carpaccio	28
Carpaccio aus Roten Beeten	29
Carpaccio von Gemüse	29
Chicoree-Salat in Currysahne	30
Chicoree-Schiffchen	31
Chinakohl-Rohkost	31
Erdbeer-Spargel-Salat	32
Gefüllte Grapefruit	32
Gefüllte Avocado mit Mandel-Honig-Soße	33
Grüne Zucchini-Spaghetti mit Tomatensauce	34
Grüner Salat mit Sahnesoße	34
Gurkensalat	35
Krautsalat orientalisch	35
Krautsalat - wie Urlaub	36
Lauch-Apfel-Salat	36
Lauchsalat mit Zitronendressing	37
Möhrenrohkost mit Nussdipp	37
Orangen-Fenchelsalat	38
Pastinakenfrischkost in Orangen-Rahm-Soße	38
Rosenkohlsalat	39
Rote Beete-Salat	39
Rote Beete-Kaki-Salat	40
Rote Beete mit Hokkaido	40
Rote Beete mit Sellerie	41
Rote Beete-Salat - ganz einfach	41
Spitzkohl-Möhren-Salat	42
Topinambur-Salat	42
Steckrübensalat mit Orangensoße	43
Weißkohl-Salat	44
Weißkrautsalat	44
Zucchini mit Knoblauch	45

Salatsoßen

Essig-Öl-Soße	46
Crème fraîche-Soße	46
Sahnesoße	46
Crème fraîche-Dipp mit Löwenzahn	47
Macadamia-Salatsoße	47
Pikante Sahnesoße	47

Suppen

Brennesselsuppe	48
Französische Zwiebelsuppe	48
Kartoffel-Schaum mit Pesto	49
Kartoffelsuppe mit Pilzen	50
Kartoffelsuppe	50
Kürbis-Möhrensuppe	51
Paprikasuppe..	51
Paprikacremesuppe	52
Pastinaken-Senf-Suppe	53
Rote Beete-Suppe	54
Rote Beete-Suppe mit Sellerie	54
Selleriecremesuppe	55
Süßkartoffelsuppe	55
Tomaten-Bananen-Suppe	56
Tomatensuppe	56
Zucchini-Cremesuppe	57

Hauptgerichte

Apfel-Kartoffel-Tarte	58
Auberginen-Auflauf	59
Auflauf „Spargel-Nudel"	60
Die besondere Ofenkartoffel	61
Fenchelpfanne	62
Gebratene Kürbisspalten mit Kräuter-Dipp	63
Gebratene Tomaten auf Erbsenpüree	64
Gefüllte Paprika	65
Gefüllte Gemüsezwiebeln	66
Grünkohl	67
Kraut-Nudeln aus Österreich	67
Kartoffelpuffer mit Sauerkraut	68
Kartoffelwaffeln	69
Kartoffel-Sauerkraut-Püree	69
Kräuterreistorte	70
Kürbis-Pilz-Lasagne	71
Kürbisauflauf	72
Kürbispüree	72
Möhren-Nudel-Pfanne	73
Pastinaken-Eintopf	74
Pastinaken-Kartoffel-Auflauf	75
Pellkartoffeln mit Crème fraîche-Dipp	76
Porreegemüse	77
Porreeauflauf	78
Rote Beete-Päckchen	79
Rote Beete-Tarte	80
Sauerkraut - ganz schnell	80
Sauerkraut-Apfel-Auflauf	81
Sauerkrautstrudel	82
Schnelle Tomatensoße	84
Spargelpfanne mit Spaghetti	84
Spitzkohl-Bratlinge	85
Steckrübengemüse	86
Steckrüben-Eintopf	86
Zwiebelkuchen „Hefeteig"	87

Desserts

Apfelreis	88
Aprikosencreme mit Sesamkrokant	89
Aprikosenkaltschale	90
Haselnusscreme	90
Hirse-Nachtisch	91
Kiwi auf Mandelcreme	92
Kürbisschaum-Dessert	92
Pflaumenkompott mit Vanillecreme	93
Rhabarbercreme	94
Zitronencreme - zweierlei zu verwenden	95

Kleine Snacks

Champignons - lecker gefüllt	96
Champignonplätzchen	97
Gemüsebratlinge	98
Gefüllte Gemüsebrötchen	99
Gemüsewaffeln mit Dipp	100
Kartoffelfladen	101
Kartoffel-Waffeln mit Apfelmus	102
Kürbisecken mit Kürbiskernpesto	103
Linsensalat mit Gemüse	104
Pikante Hefeschnecken	105
Pizzabrötchen	106

Brot und Brötchen

Apfelpummel	107
Butterbrötchen	108
Die lockeren Vollkornbrötchen	109
Dinkelbrot mit Mohn	110
Kräuterbrot	111
Hefezopf	112
Heißewecken	113
Kürbisbrot	114
Pikante Franzbrötchen	115
Rosinenbrot	116
Rosinenbrötchen	117
Sonntagsbrötchen	118
Weizenvollkornbrötchen mit Crème fraîche	119

Brotaufstriche

Avocado-Creme	120
Cashew-Kräuterbutter	121
Kräuter-Nussbutter	121
Kürbiskern-Aufstrich	122
Linsencreme	122
Meerrettich-Rote Beete-Aufstrich	123
Nussaufstrich	124
Sesambutter	125
Süßer Mokka-Aufstrich	125
Tomaten-Basilikum-Aufstrich	126
Wurzel-Tomatenaufstrich	126
Topinamburpaste	127

Kleine Leckereien

Kürbiskernmarzipan	128
Schokolade für Naschkatzen	128
Schokolade	129
Schokoladen-Nuss-Praline	129
Kleingebäck	130
Erdnussplätzchen	130
Korinthenplätzchen	130
Peperoniplätzchen	131
Pfefferminztaler	132
Pfefferminzkekse	132
Cashewstangen mit Schoko	133
Schwarz-Weiß-Gebäck	134
Walnussplätzchen	135
Zitronenplätzchen	135
	135

Kuchen ohne Ei

After Eight Torte mit Apfel	136
Apfeltorte	137
Beschwipster Apfelkuchen	138
Köstliche Bratapfeltorte	139
Butterkuchen	140
Erdbeerkuchen	141
Hefeblechkuchen	142
Kürbis-Muffins	143
Mohn-Schneckennudeln	144
Pflaumenkuchen mit Guss	145
Rhabarberkuchen	146
Rhabarberkuchen	147

Kuchen mit Ei

Bisquitboden	148
Butterwaffeln	149
Schoko-Koko-Rolle	150
Marmorkuchen	151
Nusstorte	152
Obsttortenboden	153
Orangenkuchen	154
Pflaumenkuchen vom Blech	155
Rhabarberkuchen mit Eischnee	156
Vanillewaffeln	157
Zitronencreme für Bisquitboden	158
Zitronentorte	158

Maße und Gewichte
Abkürzungen

Maße und Gewichte	160
Abkürzungen	161
Vom Reichtum der Schnecke	162
Schlusswort	163

Ich hatte einen Traum

Eines Nachts hatte ich einen Traum. Ich wanderte mit meinem Herrn am Meer entlang. Über mir am dunklen Himmel sah ich mein Leben, Streiflichtern gleich, in Bildern vorüberziehen. Und ich sah Fußspuren von zwei Wanderern. Die eine, so schien es mir, war meine eigene, die andere die meines Herrn.

Als das letzte Bild meines Lebens aufleuchtete, blicke ich noch einmal zurück. Ich erschrak. Oft war nur die Spur eines einzelnen Wanderers zu sehen und zwar immer in den Zeiten meines Lebens, die mir als besonders trostlos und düster in Erinnerung waren.

Ich geriet ins Grübeln und fragte schließlich besorgt den Herrn: Als ich mich entschied, Dir nachzufolgen, hast Du mir zugesagt, mir jederzeit beizustehen. Aber jetzt entdecke ich, dass sich in den dunklen Zeiten meines Lebens nur ein Fußabdruck findet. Warum hast Du mich in Stich gelassen, immer dann, wenn ich dich am meisten brauchte?

Da antwortete er: Kind ich liebe dich. Ich würde dich nie allein lassen. Erst recht in Nöten und Schwierigkeiten. Dort wo du nur eine Spur gesehen hast, in den Zeiten, in denen du dich allein gelassen fühltest, habe ich dich hindurch getragen.

Margaret Fishback Powers

Der Anfang dieses Kochbuches ist etwas ungewöhnlich, aber es handelt sich um meinen Lieblingsspruch und es ist ein besonderes Kochbuch, entstanden zur Erinnerung an meine Schwester. Sie gab mir die Kraft, meine Rezepte zu veröffentlichen. So sind auch einige Rezepte von ihr dabei.

Gisela, auf diesem Wege danke ich Dir für so vieles, was Du mir in meinem Leben gegeben hast.

Mit diesem Buch möchte Sie ich anregen, einmal mehr über Ihr Leben und Ihre Einstellung zu unseren Lebensmitteln nachzudenken. Wir können viel mehr, als wir denken, mit unserer Nahrungsaufnahme, unserer Gesundheit und unserer Lebenseinstellung beeinflussen. Sie werden merken, wie gut es Ihnen tut, lebendige Lebensmittel zu verarbeiten und zu essen.

Deshalb hatte auch „ich einen Traum": Dieses Buch zu verwirklichen!

Eure Nahrung sei Eurer Heilmittel
Und Eurer Heilmittel sei Eure Nahrung
Hippokrates

Vollwertkost
wie kam ich dazu?

Der Grund, den die meisten Menschen angeben, wenn sie ihr Leben und die alten Gewohnheiten ändern, trifft auch bei mir zu: ein Angriff auf die Gesundheit.

Mein Mann Bernd erlitt, mitten im Leben stehend, einen Schlaganfall, den er mit viel Glück ohne spätere Folgen überlebte und deshalb heute wieder voll am Leben teilhaben kann.

Durch seine Krankheit wurde uns klar, dass es jetzt Zeit war, etwas zu ändern. Ich arbeitete als Floristin und wie es das Schicksal will, begegnen einem immer die Menschen im Leben, die man dann gerade braucht.

Wir fuhren nach Bornholm in Urlaub zu einer Gesundheitsberaterin der GGB (Gesellschaft für Gesundheitsberatung), die dort eine Pension mit Vollwertkost führt.

Zu diesem Zeitpunkt war mein Mann noch der Meinung, vegetarisch zu essen bedeute, dass der Speiseplan nur aus grünem Salat und vielleicht mal einem Stück Brot bestünde. Aber wir wurden dort mit dem tollsten Essen verwöhnt.
Und wie heißt es so schön: „Liebe geht durch den Magen."

Ja, liebe Heidi auf Bornholm, du sagtest: „Fahrt nach Lahnstein".
Und das war die Wende in unserem Leben. Wir genossen dort so manchen schönen Urlaub, Praxisseminare und Freundschaft über Jahre. So fuhr ich mit meinen Mann nach Lahnstein zur GGB, eigentlich nur, um einmal ein Grundlagenseminar zu besuchen. Wir waren sofort überzeugt von der Arbeit der GGB, vor allem aber von der Arbeit Dr. Bruckers (1909-2001).

Dem ersten Seminar folgten ein Jahr später ein Aufbauseminar und eine Praxiswoche bei Heidi. Mein Mann und ich legten im Jahr 2005 gemeinsam die Prüfung zu ärztlich geprüften Gesundheitsberatern der GGB bei Dr. Birmanns in Lahnstein ab.

Da meine Schwester Gisela meine Leidenschaft zum Kochen und Backen mit mir teilte, konnte ich sie auch schnell für Vollwertkost begeistern. In endlosen Telefongesprächen wandelten wir viele Rezepte in ihre vollwertige Variante um.

Dies ist ein vegetarisches Kochbuch!

In den Rezepten verwende ich nur Biolebensmittel. Und das aus voller Überzeugung und aus negativen Erfahrungen mit konventionellen Lebensmitteln.

Bio aus guten Gründen!

- Ohne Gentechnik,
- ohne Chemie und Spritzmittel,
- ohne Konservierungsstoffe,
- ohne Einsatz von Pestiziden bei Bio-Getreide.

- Konventionell verarbeitete Nüsse und Trockenfrüchte werden zur Konservierung zum Teil mit schädlichen Substanzen behandelt und begast, die für den Menschen gesundheitsschädlich sind.

- Bei der Bio-Verarbeitung werden stattdessen Schädlinge zum Bespiel durch Schockfrieren abgetötet.

- Die Bio-Verarbeitung von Trockenfrüchten verzichtet völlig auf den Zusatz von Schwefeldioxid, weil es Vitamine zerstört und zu Allergien führen kann.

Biogetreide schont das Klima, bewahrt das Oberflächen- und Grundwasser vor hohen Nitratkonzentrationen und erhält die Vielfalt der Natur.

Bei allen Lebensmittelskandalen, die es in unserer Zeit gibt, fühlen wir uns einfach mit den Bioprodukten auf der sicheren Seite.

Probieren Sie einfach den besonderen Geschmack, den uns die Natur liefert. Sie werden merken, ohne Fabrikzucker und Auszugsmehle werden Sie sich wohler fühlen und einen ganz neuen Geschmackssinn bekommen.

Tun Sie sich was Gutes. Dafür ist es nie zu spät!

Hinweise
zur Zubereitung der Rezepte

Die Rezepte sind jeweils für 4 Personen gedacht.

Essen Sie Frischkost immer vor der gekochten Kost.

Sie wird schneller verdaut und bei der Verdauungsleukozytose bilden sich keine weißen Blutkörperchen.

Sie brauchen Obst und Gemüse nicht zu schälen. Es gibt nur ein paar Sorten Früchte, deren Schalen nicht genießbar sind. Wer mag, kann auch das Kerngehäuse von Äpfeln und Birnen mitessen.

In der Schale kommen die wertvollen Vitalstoffe vor, die die Leber zum Entgiften der Schadstoffe im Körper braucht. Ihre Gesundheit wird es Ihnen danken.

*In 20 Jahren wirst Du
mehr enttäuscht sein über die Dinge,
die du nicht getan hast,
als über die Dinge, die du getan hast.
Also löse die Knoten,
laufe aus dem sicheren Hafen aus.*

Mark Twain

Keine Zeit für Vollwertkost?

Wenig Zeit und trotzdem eine vitalstoffreiche Vollwertkost genießen.
Wie geht das?

Indem Sie nur zweimal pro Woche einkaufen gehen.
Machen Sie sich einen Plan, was Sie die Woche über essen wollen.

Einfach ist es, Möhren, grünen Salat, Kohl, weißen oder Spitzkohl oder Kohlrabi immer im Haus zu haben. Im Winter Rettich, im Sommer Radieschen und Tomaten oder was die Jahreszeit an gutem Gemüse bereithält.
Dann haben Sie auf jeden Fall schon einmal ihre tägliche Ration Frischkost gesichert.

Damit Sie alle Vitalstoffe erhalten, sollten zwei der Gemüsesorten, die Sie verwenden, über der Erde und zwei unter der Erde gewachsen sein. Denn jedes Gemüse enthält eine andere Zusammensetzung der Vitalstoffe.

So sollten Sie auch immer darauf achten, dass Sie Äpfel, Bananen und Zitronen im Haus haben. Die halten mindestens eine Woche im Kühlschrank, die Äpfel wochenlang. Kaufen Sie auch hier Obst der Saison dazu. Und schon sind ausreichende Zutaten für das Frischkostgericht vorhanden.

Bio-Sahne, Crème fraîche und Butter sind meistens zwei bis drei Wochen haltbar. Auch diese Zutaten kann man immer im Hause haben.

Getreide können Sie lose und günstiger in größeren Mengen kaufen. Wenn Sie das Getreide häufiger bewegen und trocken lagern, haben Sie auch keinen Ärger mit Schädlingen.

Wenn Sie dann vom Einkaufen nach Hause kommen, nehmen Sie sich für ihre frischen Lebensmittel etwas Zeit. Zum Beispiel können Sie den Salat gleich waschen, in der Salatschleuder trocknen und dann in einer Plastikdose mit Deckel verstauen. Wenn Sie in den Behälter vorher ein Leinentuch legen, das die entstehende Feuchtigkeit aufsaugt, können Sie den Salat einige Zeit im Kühlschrank aufbewahren.

Vom Kohl entfernen Sie gleich die trockenen Außenblätter und lagern ihn ebenfalls kühl.

Die Möhren werden nur etwas im Wasser gespült und nicht gescheuert. Meistens ist kaum noch Erde daran und Sie sollen ja die kostbaren Vitalstoffe nicht vernichten.
Wenn Sie ihr Gemüse auf diese Weise im Kühlschrank untergebracht haben, ist es nur noch eine Sache von fünf Minuten, einen köstlichen Salat zu zaubern.

Für die Zubereitung von Salatsoßen bietet es sich an, gleich die Menge für ein größeres Glas, das sie gut verschließen können, zu mischen und damit einen Vorrat für drei bis vier Tag im Kühlschrank herzustellen.
Oder Sie geben ganz einfach ein gutes natives Olivenöl mit etwas Balsamico-Essig über den Salat und fertig.

Steif geschlagene Sahne kann mindestens zwei Tage in einem Plastiktopf im Kühlschrank aufbewahrt werden.

Eigentlich gilt die Ausrede, man habe keine Zeit für Frischkost, nicht. Denn mit ein bisschen Planung ist sie in fünf Minuten zubereitet.

Meine Kochrezepte können schnell und ohne viel Aufwand nachgekocht werden. Es wird bestimmt nicht länger dauern, aus frischem Gemüse etwas Schmackhaftes zuzubereiten. Sie können ja auch etwas mehr kochen, um es am nächsten Tag aufzuwärmen oder einen Vorrat einzufrieren.

Es ist nicht weniger Zeit, die wir haben, sondern viel Zeit, die wir nicht nutzen.

Lucius Annaeus Seneca

Salz

Kochsalz

Normales Kochsalz ist stets raffiniert. Das bedeutet, dass es einen Reinigungsprozess, der tief in seine stoffliche Struktur eingreift, durchlaufen hat. Das gilt sowohl für die Sole oder das Siedesalz (hier wird das Salz noch im Stock gelöst und weiterverarbeitet sowie eingedampft) wie auch für die bergmännisch gewonnene Variante. Auf der Strecke bleiben alle natürlich enthaltenen Verunreinigungen. Das so gewonnene, reine Natrium-Chlorid (NaCl) wird in vielen Fällen noch gebleicht, damit es schneeweiß aussieht.

Kochsalz ist demnach nicht ganz so eine saubere Sache, wie es die Werbung gern glauben machen will. Denn das überall erhältliche Speisesalz kann noch zusätzliche Konservierungs- und Zusatzstoffe enthalten.

So beispielsweise Aluminiumhydroxid zur Verbesserung und zum Erhalt der Streu- und Rieselfähigkeit. Aluminium ist ein problematischer Lebensmittelzusatzstoff, zugelassen in Farbstoffen, Stabilisatoren, Füll- und Festigungsmittel oder Trennmitteln für pulverförmige Lebensmittel.

Bei den amtlichen Verbraucherschützern hält man die durch Speisesalz aufgenommenen Mengen für unbedenklich. Der Konsument sollte jedoch beachten: Aluminium kann sich nachweislich im Gehirn ablagern. Es wurde schon der Verdacht geäußert, dass die hohe Alzheimer-Rate in den USA nicht zuletzt auf den reichlichen Konsum von in Aluminium verpackten Nahrungsmitteln und Getränken, wie zum Beispiel Cola in Dosen zurückzuführen ist.

Deshalb benutzen Sie lieber Steinsalz, Kristallsalz oder Meersalz, da diese nicht raffiniert sind und kein Jod und Fluor enthalten.

Unser Körper ist nicht in der Lage, künstlich zugeführte Jod- und Fluor-Verbindungen zu verstoffwechseln. In Fachkreisen ist allgemein bekannt, dass Nitrosamine zu den aggressivsten Krebsauslösern zählen. Und gerade Nahrungsmittelzusatzstoffe, wie Jodite, stehen im Verdacht, die Bildung solcher problematischer Substanzen stark zu fördern.

Verarbeiten Sie so wenig Salz wie möglich. Würzen Sie zum Bespiel mit schmackhaften Kräutern.

1 Gramm Kochsalz bindet 100 Gramm Flüssigkeit im Körper.

Gute Gründe für Vollkornmehl

Beim Auszugmehl werden der Keim und die Randschichten entfernt, was dazu führt, dass dabei viele Vitalstoffe verloren gehen, die unser Organismus unbedingt braucht.
In den Randschichten sind zum Beispiel Ballaststoffe enthalten, im Keim vor allem die B-Vitamine, die wir unbedingt zum Abbau der Kohlenhydrate benötigen.
Wegen der Wichtigkeit von Vitamin B1 in unserer Ernährung wurde von der WHO (Weltgesundheitsorganisation) ein Richtwert von 1,5 Milligramm Tagesbedarf vorgegeben. Russische Forscher empfehlen 3 Milligramm am Tag.

Vor ungefähr einhundert Jahren enthielt die tägliche Nahrung noch 5 Milligramm pro Tag. Heute nehmen wir höchstens noch 0,8 Milligramm täglich an Vitamin B1 zu uns.
Der beim Auszugsverfahren entfernte Keimling enthält außerdem Fettstoffe, lösliche Eiweißstoffe, Mineralstoffe und Vitamine.

In den fünfundzwanzig Jahren, in denen ich als Floristin arbeitete, kam ich zu einer wichtigen Erkenntnis. Während dieser Zeit hatten wir oft alte Kerzen aus der Adventszeit übrig, die wir mit Auszugsmehl eingerieben haben, weil sie dadurch einen ganz besonderen Zauber erhielten. Probieren Sie es aus!
Dieses Auszugsmehl hatten wir mehr als drei Jahre in den Regalen gelagert und es war nicht schlecht geworden. Daran können Sie erkennen, dass Auszugsmehl kein lebendiges, sondern ein totes Nahrungsmittel ist.

Weil der Keim in unserem Vollgetreidemehl hingegen noch seinen Fettanteil enthält und deshalb ein vollwertiges Nahrungsmittel ist, wird es im Laufe der Zeit ranzig und schlecht - wie beruhigend!

Auch sollten Sie darauf achten, dass die Keimfähigkeit ihres Getreides 97 Prozent beträgt.

Hefeteig

Zum Backen von Hefeteig verwende ich Biohefe.

Das hat folgenden Grund:
Bei der handelsüblichen Hefe dient Melasse, ein Abfallprodukt der Weißzuckergewinnung, als Nährmedium. Da im Verlauf des Herstellungsprozesses etliche Chemikalien, zum Beispiel Schwefelsäure, Ammoniak, Phosphate und synthetische Öle, zum Einsatz kommen, wandern schwer abbaubare Stoffe ins Klärwasser.
Hefen sind einzellige Pilze, also Lebewesen, die Zucker in Alkohol und Kohlendioxid spalten. Das Kohlendioxid treibt den Teig auf, der Alkohol verdunstet beim Backen. Diese chemische Reaktion lockert den Teig. Damit sich die Mikroorganismen vermehren und fleißig arbeiten, brauchen sie Wärme, Wasser, Nahrung, Sauerstoff und Zeit. Hefeteig muss daher eine Weile ruhen, damit er aufgeht.
Der Geschmack von Biohefe ist im Vergleich zu konventioneller Hefe besonders aromatisch.

Biohefe

Für die Herstellung von Biohefe werden nur Rohstoffe aus biologischem Anbau verwendet. Auf synthetische Öle als Entschäumer sowie Schwefelsäure, Ammoniak und Phosphate als Hilfsmittel wird verzichtet. Der Einsatz von gentechnisch veränderten Organismen ist gänzlich verboten.

Die Fermentation des Getreides, auf dem die Hefestämme gezüchtet werden, erfolgt in drei Stufen. Als Rohstoffe werden Getreideprodukte aus Bioanbau und Bierhefe sowie Bierhefeextrakte eingesetzt. Nach sechzehn Stunden Fermentationszeit wird die Masse auf vier Grad Celsius abgekühlt, danach werden die Getreidebestandteile abgetrennt. Das erfolgt in so genannten Klär-Separatoren. Die entstehende Hefecreme kann danach zu Presshefe oder zu Trockenhefe beziehungsweise Hefeextrakt weiterverarbeitet werden. Im gesamten Prozess werden keine Chemikalien zugesetzt.

Biohefe kann nicht einfroren werden, denn dadurch geht ihre Triebfähigkeit verloren.

Hefeteigzubereitung

Ich bereite einen Vorteig, indem ich die Hefe in der angegebenen Flüssigkeit auflöse. Dann rühre ich mit einem „Pfannenschläger" so viel Mehl unter, dass die Masse eine breiige Konsistenz erhält. Den Rest des Mehls gebe ich dann oben darauf und lasse alles so lang ruhen, bis der Vorteig anfängt aufzugehen. Dann füge ich das Salz dazu. Dabei achte ich darauf, dass es nicht den Vorteig berührt, sondern auf dem Mehl landet, weil Salz, Zucker, Honig und Fett der Hefe die Treibfähigkeit nehmen.
Alle anderen Zutaten gebe ich nach und nach dazu und knete alles gut durch. Der Teig wird schön locker, wenn man ihn mindestens zehn Minuten mit einer Küchenmaschine knetet.

Brandteig

In einem Kochtopf fein gemahlenes Mehl und kalte Flüssigkeit verrühren. Unter ständigem Rühren zum Kochen bringen, bis ein weicher Kloß entsteht, danach abkühlen lassen.

Tipp:
Wenn das Mehl und die Flüssigkeit kalt zusammengerührt werden, entstehen keine Klümpchen.

Backpulver

Auch hier verwende ich ein biologisch hergestelltes Produkt. Konventionelle Backpulver enthalten im Säureanteil Phosphat. Phosphate können einen unangenehmen Geschmack entwickeln.

Biohersteller verwenden in ihrem Backpulver verschiedene natürliche Säuren, zum Beispiel Zitronensäure, Weinsteinsäure oder Weinstein. Der Weinstein wird zum Teil aus Rohweinstein gewonnen, der sich in Weinfässern ablagert.

Frischkost

Avocado-Salat

1 rote Paprika
1 gelbe Paprika
2 Avocados
100 g frische Champignons
1 TL Thymian, getrocknet oder frisch
1 Knoblauchzehe
Zitronensaft von 1 Zitrone
Olivenöl
Kräutersalz

Paprika vierteln, entkernen, in schmale Streifen schneiden und auf einem großen Teller dekorativ anrichten.

Avocados halbieren, schälen, den Kern herauslösen, zur Seite legen und mit zu dem Salat geben. Damit die Avocado nicht braun wird, sofort mit 1 EL Zitronensaft beträufeln und zu den Paprikastreifen geben.

Die Pilze in feine Scheiben schneiden und ebenfalls auf dem Teller anrichten.

Für die Marinade Thymian, klein gehackten Knoblauch und die restlichen Zutaten vermischen und über das Gemüse gießen.

Wo bekomme ich Essig ohne Zucker?

Wußten Sie, dass sogar bei Essig Zucker zugefügt wird? Ganz besonders bei den braunen Essigsorten. Gehen Sie in einen Naturkostladen und lesen sie sich die Zutaten ganz genau durch. Auch beim Essig sollte man nicht sparen, Sie werden es schmecken.

Der Rosa Salat

1 Rote Beete, geraspelt
½ Blumenkohl, geraspelt
3 Möhren, geraspelt
1 Handvoll Walnüsse oder Mandeln

Salatsoße
½ Zitrone
150 g Crème fraîche
1 EL Honig
2 EL Wasser
Kräutersalz
Pfeffer
Kurkuma

Die Zutaten für die Soße miteinander verrühren, dann das Gemüse unterheben. Für die Deko Kokoschips oder Nüsse rösten und frischen Schnittlauch oder Kresse überstreuen.

Blumenkohl-Möhrensalat

1 kleinen Blumenkohl
3-4 Möhren
100 g Sahne
150 g Crème fraîche
Saft 1 Zitrone
2 EL Honig
etwas Muskatnuss
Kerbel
Petersilie
Kräutersalz
1 TL Senf

Blumenkohl klein raspeln, Möhren klein hobeln.
Aus den restlichen Zutaten eine Soße herstellen.
Alles gut miteinander verrühren und eine 1/2 Stunde durchziehen lassen.

Bunte Platte mit Dipp

Verschiedene Gemüsesorten, der Jahreszeit entsprechend, zum Beispiel:

Mini-Tomaten	Blumenkohl
Gurken	Chicoree
Rettich	Radieschen
Karotten	Kohlrabi
Zucchini	Champignons
Paprikaschoten (rot, gelb, grün)	

Crème fraîche-Dipp

200 g Crème fraîche
ca. 2 EL Zitronensaft
100 g Sahne
3 - 4 EL frische Kräuter: Schnittlauch, Petersilie, Kerbel
Pfeffer und Kräutersalz

Die Zutaten für den Crème fraîche-Dipp verrühren und in Schälchen zu den auf einer Platte servierten Gemüsesorten reichen.

Kürbis-Carpaccio

250 g Hokkaido
4 EL Olivenöl
3 EL hellen Balsamico-Essig
1 EL Senf
1 EL Honig
Kräutersalz
Pfeffer
Curry
Kurkuma
Kürbiskerne

Der Hokkaido-Kürbis kann mit Schale gegessen werden.
Hokkaido in ganz feine Scheiben schneiden (am besten mit einer Scheibenreibe), auf einem Teller anrichten. Aus den anderen Zutaten eine Marinade herstellen, über den Kürbis geben und 1 Stunde durchziehen lassen.
Kürbiskerne rösten und über das Carpaccio geben.

Carpaccio aus Roten Beeten

2 kleine Knollen junge Rote Beete
1 Kästchen Kresse
2 EL Essig
1/2 TL Senf
Salz
Pfeffer
4 EL Olivenöl
2 EL gerösteten Sesam

Rote Beete gut waschen und nicht schälen, in möglichst ganz dünne Scheiben schneiden und auf einem flachen Teller auslegen.
Essig, Senf, Salz und Pfeffer mit dem Öl zu einem Dressing verrühren und tropfenweise über die Scheiben der Roten Beete gießen. Die Kresse in kleine Sträußchen zwischen die Scheiben setzen und alles mit dem Sesam bestreuen.
Mindestens 1 Stunde durchziehen lassen.

Carpaccio von Gemüse

1 kleine Kohlrabi
1 große Möhre
150 g Zucchini
200 g Tomaten
8 Basilikumblätter

Salatsoße
3 EL hellen Balsamico-Essig
Salz, Pfeffer
etwas Honig
1 Knoblauchzehe
6 EL Olivenöl

Kohlrabi, Möhren und Zucchini in sehr dünne Scheiben hobeln und dekorativ auf einem Teller verteilen (zum Beispiel kreisförmig).

Die Tomaten ganz klein schneiden und darüber streuen.
Basilikumblätter feinstreifig schneiden und über dem Carpaccio verteilen.

Die Zutaten für die Salatsoße mit dem Schneebesen verschlagen und über das Gemüse träufeln. Auf Wunsch noch einige Sonnenblumenkerne rösten und über das Carpaccio streuen.

Chicoree-Salat in Currysahne

2 - 3 Chicoree
2 Äpfel
2 Möhren

Currysahne

150 g Crème fraîche
2 EL Sahne
3 EL Wasser
2 EL Sonnenblumenöl
1 Banane
3 TL Zitronensaft
1 TL Honig
etwas Kräutersalz
½ TL Currypulver
etwas Paprikapulver
1 Knoblauchzehe (gepresst oder geschnitten)
1 geh. EL Petersilie oder Schnittlauch

Sahne, Wasser, Crème fraîche, Öl, Honig und Zitronensaft verrühren.
Banane zerdrücken und zugeben.
Mit den Gewürzen pikant abschmecken.

Chicoree klein schneiden, den Strunk keilförmig herausschneiden
(Wer den bitteren Geschmack liebt, kann den Strunk mitessen).
Äpfel und Möhren grob raspeln.

Gemüse mit der Soße vermengen und mit Petersilie oder Schnittlauch verzieren.
(Man kann auch Kresse verwenden.)

Chicoree-Schiffchen

2 Chicoree
2 Kästchen Kresse
100 g gemischte Nüsse
(Cashews, Erdnüsse, Mandeln, Walnüsse, nach eigenem Geschmack)
2 Mandarinen
1 Birne
Saft einer ½ Zitrone
1 EL Apfelessig
3 EL Walnussöl oder Olivenöl
Kräutersalz
Pfeffer
1 TL Honig
nach Belieben Currypulver

Chicoree vom Strunk befreien, in einzelne Blätter teilen und waschen.
Die Nüsse etwas zerkleinern.
Die weiße Haut der Mandarinen entfernen und die Filets auslösen.
Die Birne in kleine Stücke schneiden.
Apfelessig und Walnussöl verrühren und mit der Kresse, den Nüssen, den Mandarinenfilets und der Birne vermengen. Alles mit Kräutersalz und Pfeffer würzen.
Diese Mischung löffelweise auf den Chicoreeblättern verteilen.
Die Chicoree Schiffchen dekorativ auf einem Teller anrichten.
Nach Belieben mit Currypulver besträuben.

Chinakohl-Rohkost

300 - 400 g Chinakohl fein geschnitten
2 Apfelsinen, in kleine Würfel geschnitten
80 g gehackte Walnüsse
Saft einer ½ Zitrone
1 EL Walnussöl
2 EL Akazienhonig
200 g Sahne

Zitronensaft und Sahne so lange schlagen, bis es etwas andickt, dann Walnussöl und Akazienhonig dazugeben.
Chinakohl und Apfelsinen unterheben.

Erdbeer-Spargel-Salat

3 EL hellen Balsamico-Essig
2 EL Olivenöl
1 TL Honig
Kräutersalz
Pfeffer

Aus den Zutaten eine Soße herstellen.
Alles gut mit einem Schneebesen verrühren.

250 g Erdbeeren
7 Stangen Spargel

Erdbeeren putzen und in kleine Stücke schneiden, Spargel schälen und auch in kleine Stücke schneiden, alles in die Soße geben.
1 Stunde gut durchziehen lassen.

Gefüllte Grapefruit
mit Roter Beete und Birne

2 rosa Grapefruits
4 Stängel Petersilie
1 Rote Beete
1 Birne
2 EL Olivenöl
schwarzer Pfeffer, mit der Mühle gemahlen
2 EL gehackte Cashewkerne

Die Grapefruits warm waschen, trockenreiben und halbieren. Das Fruchtfleisch aus den Hälften lösen und klein würfeln, etwa die Hälfte davon zur Seite stellen.
Petersilie waschen, die Blättchen hacken.
Die Rote Beete schälen und auf einer Küchenreibe fein raspeln.
Die Birne schälen, vom Kerngehäuse befreien und auch fein raspeln oder klein würfeln.
Mit der Roten Beete, der Hälfte der Grapefruitwürfel sowie dem Olivenöl vermengen. Leicht pfeffern und die Mischung in die Grapefruithälften füllen.
Je zwei Hälften auf einen Teller anrichten und mit Cashewkernen bestreuen.
Ringsum die restlichen Grapefruitwürfel anrichten.

Gefüllte Avocado mit Mandel-Honig-Soße

100 g Alfalfa-Sprossen
100 g Oliven
2 Tomaten
50 g Walnusskerne

Mandel-Honig-Soße

½ TL Mandelmus
½ TL Honig
Vollmeersalz
Pfeffer

2 reife Avocados
Saft einer ¼ Zitrone

Die Alfalfa-Sprossen waschen und in einem Sieb abtropfen lassen.
Die Oliven in Streifen schneiden. Die Tomaten würfeln.
Die Walnusskerne in ein Küchenhandtuch wickeln und mit einem Fleischklopfer zerkleinern.

Für die Soße das Mandelmus mit dem Honig und dem Olivenöl verquirlen, salzen und pfeffern. Avocados halbieren, die Kerne entfernen und das Fruchtfleisch fächerförmig einschneiden, dabei jedoch nicht ganz durchtrennen.

Die Avocadohälften mit Zitronensaft beträufeln und mit dem Hohlraum nach oben auf einen Teller setzen. Alfalfasprossen, Oliven und Tomaten locker in die Avocadohälften füllen, auch rundherum streuen, und alles löffelweise mit der Soße überziehen.

Grüne Zucchini-Spaghetti mit Tomatensauce

500 g Zucchini
einige Stängel Basilikum
250 g Tomaten
3 EL Olivenöl
Kräutersalz
gemahlenen Pfeffer
ca. 50 g geröstete Sonnenblumenkerne

Von den Zucchini Stil und Blütenansätze entfernen, mit einem Sparschäler lange, dünne Streifen abziehen und diese auf einem Teller wie Spaghetti anrichten.

Die Kräuter waschen, trocken schütteln, die Blättchen von den Stielen zupfen und die Hälfte davon in Streifen schneiden.
Die Tomaten waschen und zusammen mit den Kräuterblättchen sowie dem Olivenöl im Mixer pürieren. Mit Kräutersalz und Pfeffer würzen und die Sauce löffelweise über die Zucchini-Spaghetti geben.
Die gerösteten Sonnenblumenkerne darüber streuen.

Grüner Salat mit Sahnesoße von Gisela

1 grüner Salat
100 g süße Sahne
Saft ca. 1 Zitrone
1 EL Akazienhonig

Sahne mit dem Zitronensaft von Hand mit einem Schneebesen so lange schlagen, bis er andickt und dann den Honig unterrühren.
Den Salat waschen und etwas ausdrücken, klein schneiden und in die Soße geben.

Gurkensalat von Gisela

1 Salatgurke, in Scheiben gehobelt

Salatsoße

3 EL hellen Balsamico-Essig
6 EL kaltes Wasser
etwas Pfeffer

Salatsoße kurz rühren, Gurken dazugeben und 2 Stunden durchziehen lassen.

Krautsalat orientalisch

½ Weißkohl oder 1 kleinen Spitzkohl, geraspelt
1 Handvoll Rosinen, in Apfelsaft oder Wasser eingeweicht
1 Apfel, geraspelt

Salatsoße

150 g Crème fraîche
1 TL Curry
Pfeffer
Salz
1 EL Honig
3 EL Rapsöl
1 TL Kurkuma
½ Peperoni, sehr klein geschnitten
1 - 2 Zwiebeln, in Würfel geschnitten

Die Soße schmackhaft scharf abschmecken.

Dann den geraspelten Kohl, den geraspelten Apfel, die gewürfelten Zwiebeln und die Rosinen unterheben.

Krautsalat – wie Urlaub

½ kleinen Weißkohl (Spitzkohl), geraspelt
1 Apfel, grob geraspelt
1 rote Paprikaschote, fein gewürfelt
1 Zwiebel, fein gewürfelt

Salatsoße

150 g Crème fraîche
1 TL Senf
1 TL Currypulver
1 EL Honig
Kräutersalz, Pfeffer
Majoran, Basilikum
Knoblauch
2 - 3 EL kaltgepresstes Olivenöl
1 - 2 Möhren

Das Gemüse kleingeschnitten, wie oben beschrieben, in eine Schüssel geben.
Die Zutaten für die Salatsoße verrühren und mit dem Gemüse mischen.

Lauch-Apfel-Salat

1 Stange Lauch
2 Äpfel

Salatsoße

150 g Crème fraîche
1 TL Honig
Saft einer ½ Zitrone
etwas Kräutersalz

Soßenzutaten miteinander verrühren und abschmecken.
Lauch in feine Ringe schneiden.
Die Äpfel reiben und alles sofort miteinander vermischen.

Lauchsalat mit Zitronendressing

2 Orangen
50 g Rosinen
2 Stangen Lauch
Thymian
1 TL Honig
Saft 1 Zitrone
5 EL Olivenöl
Salz und Pfeffer

Für die Garnitur aus 1 Orange die Filets auslösen.

Die zweite Orange auspressen und mit den Rosinen vermischen.
Die Lauchstangen sehr klein schneiden.
Aus Honig, Zitronensaft, Thymian und Olivenöl eine Marinade rühren und alles mit Salz und Pfeffer abschmecken.
Sämtliche Zutaten in einer Schüssel locker vermengen und bei Zimmertemperatur etwa 30 Minuten ziehen lassen. Anschießend auf einem großen Teller verteilen und rundherum mit den Orangenfilets garnieren.

Variante:
Zusätzlich mit frischen Ananasecken, gelben Paprika und Tomatenstreifen variieren. Anstatt Thymian kann man auch frische Minze, Petersilie oder Kresse verwenden.

Möhrenrohkost mit Nussdipp

800 g Möhren grob raspeln,
mit dem Saft einer ½ Zitrone beträufeln
3 EL Cashewbruch ohne Fett rösten und darüberstreuen.

Nussdipp

150 g Crème fraîche
2 EL Erdnussmus
2 EL Honig
etwas Vanille   Alle Zutaten für den Nussdipp miteinander vermengen.

Orangen-Fenchelsalat

2 Fenchel
1 Orange
2 EL gehackte Mandeln

Fenchel in dünne Scheiben schneiden, am besten mit der Küchenmaschine. Orangen in Stücke teilen und die dann noch einmal der Länge nach durchschneiden. Fenchel und Orangen auf einem Teller anrichten.

Salatsoße

3 EL Zitronensaft
4 EL Olivenöl
Kräutersalz
Pfeffer
1 TL Senf
½ TL Currypulver

Aus Zitronensaft und Olivenöl eine Soße herstellen. Über den Fenchel und die Orangen geben und mit den gehackten Nüssen verzieren.

Pastinakenfrischkost in Orangen-Rahm-Soße

350 g Pastinaken
1 Apfel
1 Orange
3 EL Sesam

Salatsoße

Saft 1 Orange
200 g Sahne
2 EL Zitronensaft
Meersalz
Pfeffer
1 ½ EL Honig

Für die Soße Orangensaft, Sahne und Zitronensaft verrühren und mit Meersalz und Pfeffer abschmecken. Pastinaken und Apfel waschen und klein reiben. Orange schälen, in Würfel schneiden und mit den Pastinaken und dem Apfel unter die Soße mischen.
Sesam in einer Pfanne ohne Fett rösten und über die Frischkost streuen.

Rosenkohlsalat

100 g Rosenkohl, geraspelt oder sehr fein geschnitten
3 Möhren, geraspelt
100 g Feldsalat, klein geschnitten
1 Apfel, geraspelt
1 Clementinen, klein geschnitten

Salatsoße

1 Orangen
100 g süße Sahne
1 EL Akazienhonig
Pfeffer, Ingwer nach Geschmack

Alles zusammenrühren, Soße separat servieren oder darübergeben.

Rote Beete-Salat

2 Rote Beete
3 Möhren
½ Sellerie
2 Äpfel

Salatsoße

6 EL Sahne
2 EL Olivenöl
2 EL Balsamico-Essig
Salz
Pfeffer
50 - 80 g Sonnenblumenkerne, geröstet

Rote Beete, Möhren, Sellerie und Äpfel raspeln und gut vermischen.
Für die Soße Öl und Essig gut verrühren, Honig und Sahne zufügen, mit Salz und Pfeffer abschmecken. Die Soße unter das Gemüse heben und mit den Sonnenblumenkernen verzieren.

Rote Beete-Kaki-Salat

3 mittelgroße rote Beete, fein geraspelt
2 Kaki, geschält und in Würfel geschnitten
50 g gehackte Walnüsse
Saft 1 Zitrone
3 EL Olivenöl
1 TL Akazienhonig
Pfeffer
Salz

Zitrone mit Olivenöl aufschlagen, mit Pfeffer, Salz und Honig abschmecken. Rote Beete und Kaki hineingeben, vermengen und 1 Stunde durchziehen lassen.

Rote Beete mit Hokkaido

500 g Rote Beete
250 g Hokkaido-Kürbis, Fruchtfleisch ohne Schale und Kerne
1 kleiner säuerlicher Apfel
½ Bund Schnittlauch
1 EL Honig
1 Prise gemahlener Kümmel
Saft einer ½ Zitrone
3 EL Olivenöl
Kräutersalz
Pfeffer
2 EL Kokosnussraspel für die Garnitur

Rote Beete schälen und fein raspeln, den Apfel raspeln und den Schnittlauch in Röllchen schneiden.

Aus Honig, Kümmel, Zitronensaft, Olivenöl, Kräutersalz und Pfeffer eine Marinade herstellen. Den Salat etwa 15 Minuten durchziehen lassen und dann mit den Kokosnussraspeln garnieren.

Rote Beete mit Sellerie

1 Kopf grüner Salat
2 rote Beete, geraspelt
1 Sellerie, geraspelt
1 Zwiebel, klein gehackt

Salatsoße

150 g Crème fraîche
Saft 1 Zitrone
Vollmeersalz
Pfeffer
3 EL Olivenöl
1 EL Honig

Grünen Salat auf einem Teller anrichten.
Rote Beete, Sellerie und Zwiebel vermengen und auf den Salat geben.
Zutaten für die Soße gut verrühren und über das Gemüse gießen.

Rote Beete-Salat – ganz einfach

1 mittelgroße Rote Beete, fein geraspelt
1 Apfel, fein geraspelt

Salatsoße

150 g Crème fraîche
Saft 1 Zitrone
1 EL Honig
Kräutersalz
Pfeffer
Kurkuma

Crème fraîche, Zitrone und Honig verrühren und mit den Gewürzen abschmecken. Dann mit dem Apfel und der Roten Beete mischen.

Spitzkohl-Möhren-Salat

200 g Spitzkohl, klein geraspelt
100 g Radicchio, in kleine Stücke geschnitten
1 Möhre, klein geraspelt
1 Paprikaschote, in kleine Würfel geschnitten
100 g Feldsalat, gut gewaschen und etwas zerpflückt
3 EL Kürbiskerne, in einer trockenen Pfanne geröstet

Salatsoße

4 EL Olivenöl
3 EL Balsamico-Essig
2 EL Senf
1 EL Honig
Salz
Pfeffer

Erst Olivenöl und Essig aufschlagen, bis es cremig wird, dann die anderen Zutaten dazugeben unterrühren. Gut abschmecken.
Das Gemüse in die Salatsoße geben und durchziehen lassen.

Topinambur-Salat

300 g Topinambur, gerieben
200 g Kohlrabi, gerieben
1 Stange Staudensellerie, in feine Scheiben geschnitten

Salatsoße

1 TL geriebener Meerrettich
3 EL Olivenöl
2 EL hellen Balsamico-Essig
1 TL Honig

1 TL Senf
Salz
Pfeffer

Alle Zutaten verrühren.

Steckrübensalat mit Orangensoße

½ Steckrübe
3 Möhren
1 Apfel
etwas Rucolasalat, falls nicht zu bekommen, Petersilie

Salatsoße

Saft 1 Orange
150 g Crème fraîche
Pfeffer
1 - 1 ½ TL Kräutersalz
½ TL Kurkuma
¼ TL Curry
1 EL Honig
2 EL Sahne

Die Zutaten für den Salat gut verrühren.
Die Steckrübe ganz fein raspeln, die Möhren und den Apfel etwas gröber raspeln. Den Rucolasalat fein schneiden.
Das Gemüse mit der Salatsoße vermengen und den Rucola oder die Petersilie unterheben.

Weißkohl-Salat

1 kleinen Weißkohl, mit einer Gurkenreibe fein geraspelt
1 Zwiebel, in feine Ringe geschnitten
2 Prise Salz
2 EL Crème fraîche

Kohl und Zwiebel mischen und mit dem Salz vermengen.
Eine 1/2 Stunde stehen lassen.
Dann den Weißkohl-Salat ausdrücken und Crème fraîche unterheben.

Weißkrautsalat

Weißkohl
2 EL Olivenöl
1 EL Essig
Kräutersalz
Pfeffer
1 TL Senf (ohne Fabrikzucker)
1 TL Honig
3 EL Sonnenblumenkerne, geröstet

Den Weißkohl fein hobeln.
Aus Olivenöl, Essig, Kräutersalz, Pfeffer, Senf und Honig eine Marinade herstellen. Zuletzt die gerösteten Sonnenblumenkerne darüberstreuen.

Tipp:
In einer trockenen Pfanne die Sonnenblumenkerne goldbraun rösten bis sie duften.

Zucchini mit Knoblauch

4 Zucchini

Die Zucchini in Scheiben schneiden oder besser hobeln, da sie sehr fein sein müssen, dann auf einen Teller anrichten.

Salatsoße

2 EL Crème fraîche
1 EL Sahne
1 Spritzer Zitronensaft
¼ TL Senf
Kräutersalz, Pfeffer
2 - 3 Knoblauchzehen

Für die Soße Crème fraîche mit Sahne, Zitronensaft und Senf verrühren, mit Salz, Pfeffer und gepresstem Knoblauch abschmecken.
Mit einem Löffel auf den Zucchinischeiben anrichten.

Lieber geht ein Mensch zugrunde, als dass er seine Gewohnheiten ändert.

Leo Tolstoi

Salatsoßen

Essig-Öl-Soße

5 EL Essig
5 EL Öl
1 TL Senf
1 TL Curry
1 TL Kräutersalz
Pfeffer
Brühe oder Wasser zum Verdünnen

Crème fraîche-Soße

Wie die Essig-Öl-Soße zubereiten. Aber bevor die Soße verdünnt wird ,
bis zu 150 g Crème fraîche unterrühren, je nach der Menge, die man benötigt.

Sahnesoße

200 g süße Sahne
3 - 4 EL dunklen Balamico-Essig ohne Zucker
1 EL Honig
Kräutersalz
Pfeffer

Gut aufschlagen bis es ein wenig eindickt.
Statt Essig kann man auch Zitronensaft nehmen.

Crème fraîche-Dipp mit Löwenzahn

200 g Crème fraîche
1 TL Kräutersalz
Pfeffer
Kurkuma
Löwenzahn Blätter und Blüten, waschen und ganz fein hacken

Alle Zutaten miteinander verrühren.

Macadamia-Salatsoße

50 g Macadamianüsse
3 EL Balsamico-Essig
5 EL Olivenöl
Kräutersalz
Pfeffer
Curry
Honig

Die Macadamianüsse sehr fein mahlen und alles gut verrühren – schmeckt lecker!

Pikante Sahnesoße

200 g Sahne
Saft einer ½ Zitrone
1 EL brauner Essig (ohne Zucker)
1 TL Kräutersalz
Pfeffer
½ TL Kurkuma
1 - 1 ½ EL Akazienhonig
Kräuter nach Geschmack: Petersilie, Schnittlauch, Dill und Kerbel

Zuerst die Sahne mit der Zitrone und dem Essig aufschlagen, sodass die Soße etwas andickt, dann alle anderen Zutaten dazugeben.

Suppen

Brennesselsuppe

1 l Brühe
5 Kartoffeln
1 Zwiebel
1 Stange Porree
3 Hände voll Brennesseln
200 g Sahne
1 EL Butter

Zwiebel, Porree, Kartoffeln und die Brennesseln in der Butter andünsten.
Brühe dazugeben, dann aufkochen lassen.
Mit dem Pürierstab durchmixen und die Sahne unterheben.

Französische Zwiebelsuppe

500 g Zwiebeln
60 g Butter
1 ¼ l Wasser
2 EL Gemüsebrühe
Pfeffer
3 Vollkornbrötchen
20 g Butter
125 g Emmentaler

Zwiebeln schälen, halbieren und in feine Scheiben schneiden. Diese unter ständigem Rühren in der Butter glasig dünsten, mit Wasser aufgießen und wie angegeben würzen. 20 Minuten leicht kochen lassen, Brötchen in kleine Würfel schneiden und in einer Pfanne in Butter unter ständigen Wenden leicht anrösten. Käse fein reiben.
Die Suppe in Suppentassen oder in eine feuerfeste Form füllen, Brotwürfel und den Käse darüber streuen. In der Backröhre ungefähr 3 Minuten bei 230 °C auf der mittleren Schiene leicht goldgelb überbacken.

Kartoffel-Schaum mit Pesto

2 Zwiebel
1 Apfel
1 EL Öl
400 g Kartoffeln
500 ml Gemüsebrühe
250 g Apfelsaft
5 g frischer Ingwer
1 Chilischote
200 g Sahne
1 TL Curry
abgeriebene Schale 1 Zitrone
Salz
Pfeffer

Pesto

25 g Sonnenblumenkerne
1 Kästchen Kresse
1 Knoblauchzehe
50 ml Olivenöl
Salz
Pfeffer

Für das Pesto alle Zutaten pürieren.
Zwiebel und Apfel mit dem Ingwer in Öl anbraten. Die Kartoffeln dazugeben, mit der Brühe und dem Apfelsaft ablöschen und ungefähr 25 Minuten kochen lassen. Die Suppe pürieren, mit der Zitronenschale, Salz und Pfeffer abschmecken und die Sahne unterziehen.
Auf dem Teller mit Pesto garnieren.

Kartoffelsuppe mit Pilzen

600 g Kartoffeln
300 g Suppengrün
(Sellerie, Möhren, Porree, Petersilie)
1 ½ l Gemüsebrühe
1 Lorbeerblatt
Thymian
Liebstöckel
1 Zwiebel

2 EL Olivenöl
200 g Champignons
Kräutersalz
Pfeffer
125 g Sahne
Thymianblättchen
150 g Crème fraîche

Kartoffeln schälen und in Stücke schneiden. Suppengrün waschen und in Stücke schneiden. In der Gemüsebrühe mit Lorbeerblatt, Thymian und Liebstöckel garen. Lorbeerblatt entfernen und die Suppe pürieren.
Zwiebeln würfeln und in Olivenöl braten und Champignons in Scheiben schneiden und zu den Zwiebeln geben. Mit Kräutersalz und Pfeffer würzen und unter die Suppe rühren. Die Sahne unter die Suppe heben und kurz nochmal erhitzten.
Mit ein paar frischen Champignons und ein bisschen Crème fraîche garnieren.

Kartoffelsuppe von Gisela

Möhren
1 Sellerie
1 große Stange Porree
Kartoffeln

Gemüsebrühe
Kurkuma
Kurkuma
Curry
200 g Sahne

Verwenden Sie ebenso viel Gemüse wie Kartoffeln. Nehmen Sie zwei Schüsseln gleicher Größe und füllen Sie eine mit dem gesamten geschnittenen Gemüse, die andere mit den geschälten und in Stücke geschnittenen Kartoffeln.
Alles zusammen in einen großen Topf geben und mit so viel Gemüsebrühe auffüllen, dass es darin gut schwimmen kann.

Die Suppe eine 1/2 Stunde kochen lassen.
Dann mit einem Kartoffelstampfer fünf bis sechs Mal durchstampfen und mit Curry, Kurkuma und der Sahne abschmecken.

Kürbis-Möhrensuppe

300 g Hokkaido-Kürbis
100 g Möhren
1 Zwiebel
2 EL Butter
1 EL Currypulver
1 l Gemüsebrühe

4 - 5 Kartoffeln
1 Stück Ingwer
Pfeffer
Meersalz
200 g Sahne
1 Kästchen Kresse

Kürbis zerteilen, die Kerne entfernen und das Fruchtfleisch in kleine Stücke schneiden, Möhren würfeln. Zwiebeln fein hacken, Kartoffeln schälen und würfeln.
Butter in einem Topf erhitzen und die Zwiebeln darin glasig dünsten. Das zerkleinerte Gemüse zugeben und ebenfalls anschwitzen. Ingwer schälen, fein hacken und mit dem Currypulver unterrühren, Gemüsebrühe zugeben und die Suppe auf kleiner Flamme 15 Minuten kochen lassen. Die Suppe mit dem Mixstab pürieren und mit Meersalz und Pfeffer abschmecken. Die Sahne unterziehen und mit der Kresse auf dem Teller garnieren.

Paprikasuppe von Gisela

3 rote Paprika
2 Äpfel
3 EL Olivenöl
800 ml Gemüsebrühe
1 Stückchen Ingwer
1 Zwiebel
200 g Sahne
Pfeffer
Salz
Paprikapulver
1 Bund Schnittlauch

Paprika, Äpfel, Zwiebel und Ingwer im Olivenöl anbraten und mit der Brühe ablöschen. 20 Minuten kochen lassen, dann pürieren und die Sahne unterheben, mit Pfeffer, Salz und Paprikapulver abschmecken.
Auf dem Teller mit Schnittlauch bestreuen.

Paprikacremesuppe
mit Walnüssen und frittiertem Rosmarin

3 rote Paprikaschoten
1 Zwiebel
1 EL Olivenöl
1 Schuss trockener Wermut
500 ml Gemüsebrühe
100 g Crème fraîche
Salz
Pfeffer
4 TL Balsamico-Essig
50 g Walnüsse
1 EL Olivenöl
4 kleine Zweige frischer Rosmarin

Paprikaschoten in Stücke schneiden und Zwiebeln würfeln. Olivenöl in einem Topf erhitzen. Zwiebeln und Paprika darin kurz andünsten. Mit Wermut ablöschen, Brühe angießen, 15 bis 20 Minuten kochen. Crème fraîche einrühren und aufmixen, mit Salz und Pfeffer würzen.

Walnüsse grob hacken. Olivenöl in einer kleinen Pfanne erhitzen. Rosmarin darin kurz frittieren. Aus der Pfanne nehmen. Walnüsse in die Pfanne geben und kurz rösten. Die Suppe in Suppentassen geben, mit braunem Balsamico-Essig verfeinern und mit Walnüssen und Rosmarin bestreut servieren.
Dazu Baguette reichen.

Achten Sie bei braunem Balasamico-Essig darauf, dass er ohne Zucker hergestellt wurde.
Brauner Balasamico-Essig in Bio-Qualität reift in Rotweinfässern. Dadurch erhält er seine dunkle Farbe und den Geschmack.

Pastinaken-Senf-Suppe

1 Zwiebel
700 g Pastinaken
40 g Butter
1 TL Koriander
½ TL Kurkuma
1 l Gemüsebrühe
Salz
Pfeffer
150 g Sahne
150 g Crème fraîche
2 Knoblauchzehen
2 TL Senfkörner
1 EL Rapsöl

Die Zwiebeln würfeln, Pastinaken in Würfel schneiden.
Butter in einem Topf zerlassen und die Zwiebeln und Pastinaken darin andünsten. Gewürze zufügen und kurz anschwitzen lassen, dann die Brühe zugießen. Salzen und pfeffern, danach zugedeckt etwa 30 Minuten köcheln lassen, bis die Pastinaken weich sind.
Die Suppe fein pürieren, Crème fraîche und Sahne zufügen. Nochmal erhitzen und abschmecken.
Knoblauch pellen und in feine Streifen schneiden. Mit den Senfkörnern im heißen Öl anrösten, bis die Körner springen.
Suppe auf die Teller geben und mit den Senfkörnern und dem Knoblauch garnieren.

Die wahre Lebenskunst besteht darin, im Alltäglichen das Wunderbare zu sehen.

Pearl S. Buck

Rote Beete-Suppe

500 g Rote Beete
500 g Kartoffeln
3 EL Oliven- oder Rapsöl
1 Zwiebel
1 Knoblauchzehe
1 Chilischote
1 cm Ingwerwurzel
1,5 l Gemüsebrühe

Pfeffer
Salz
2 - 3 EL geriebener Meerrettich
(kann auch weggelassen werden)
200 g Sahne
Mandelblättchen, geröstet

Zwiebeln, Knoblauch und Ingwer anschmoren, mit Gemüsebrühe ablöschen. Rote Beete, Kartoffeln, Meerrettich dazugeben. 40 Minuten kochen lassen und dann mit dem Stabmixer pürieren. Die Schlagsahne unterheben und mit den Mandelblättchen bestreuen.

Rote Beete-Suppe mit Sellerie

3 Rote Beete
200 g Sellerie
1 Apfel
1 Zwiebel
200 g Sahne
1 l Brühe
Muskatnuss
Pfeffer
2 EL Sonnenblumenöl

Sonnenblumenöl in einem Topf erhitzen, Zwiebeln, Apfel, Rote Beete, Sellerie dazugeben und alles kurz anbraten und mit der Brühe ablöschen. 20 Minuten kochen, dann pürieren, Sahne dazugeben und mit Muskatnuss und Pfeffer abschmecken.
Sollte die Suppe zu dick werden, mit Brühe verdünnen.

Selleriecremesuppe

1 Zwiebel
3 Kartoffeln
1 Sellerie
1 l Brühe
200 g Sahne
1 EL Butter

Gemüse in der Butter anbraten, die Brühe zugießen, mit Pfeffer abschmecken und eine 1/2 Stunde kochen lassen, mit dem Pürierstab durchmixen und die Sahne unterheben.

Süßkartoffelsuppe

4 Süßkartoffeln, mittelgroß
1,5 l Gemüsebrühe
2 EL Olivenöl
20g Ingwer, gerieben
2 Zwiebeln, in Würfeln geschnitten
3 Möhren, in Scheiben geschnitten
200 g Sahne

Zwiebeln und Süßkartoffeln in Olivenöl anbraten.
Mit der Gemüsebrühe ablöschen, Ingwer zugeben und eine 1/2 Stunde kochen. Dann durchstampfen und die Sahne zugeben.

Tomaten-Bananen-Suppe

1 Glas geschälte Tomaten (Bio ohne Zuckerzusatz)
2 - 3 Bananen
1 Stück Ingwer, etwa 2 cm groß
500 ml Gemüsebrühe
Honig
Curry
Salz
Pfeffer
200 g Sahne

Die geschälten Tomaten samt Flüssigkeit in einen Topf geben.
Die Bananen in Stücke brechen und, ebenso wie die Brühe und den Ingwer, dazugeben. Aufkochen und ungefähr 15 Minuten auf kleiner Stufe kochen lassen.
Den Topf vom Herd nehmen und alles pürieren. Mit Honig und Curry abschmecken und die Sahne unterrühren.

Tomatensuppe von Gisela

1 Glas Tomaten
1 große Zwiebel
1 Knoblauchzehe
3 EL Öl
1 TL Salz
1 TL schwarzer Pfeffer
1 TL Oregano
½ TL Thymian
½ l Gemüsebrühe
200 g Sahne
1 Bund Schnittlauch

Das Öl in einem Topf erhitzen, Zwiebeln und Knoblauch fein hacken und kurz anbraten.
Die Tomaten dazugeben, die Gewürze einrühren und die Suppe eine 1/2 Stunde kochen lassen.
Mit dem Stabmixer die Suppe pürieren und die Sahne einrühren.
Mit Schnittlauch garnieren.

Zucchini-Cremesuppe

500 g Zucchini
2 Zwiebeln
2 Knoblauchzehen
1 EL Butter
¾ l Wasser
3 TL Brühe
250 g Zucchini
100 g Crème fraîche
150 g Sahne
Pfeffer aus der Mühle

Butter in einem Topf schmelzen und die klein geschnitten Zwiebeln und den zerkleinerten Knoblauch darin andünsten. Die 500 g gewaschenen Zucchini mit der Schale in Stücke schneiden und zugeben.

Das Wasser und die Brühe zugießen und das ganze etwa 15 Minuten kochen lassen.

Von der Kochstelle nehmen und 1 rohe Zucchini mit Schale hineinreiben.
Mit einem Passierstab Suppe fein mixen.

Crème fraîche und Sahne unterziehen und mit etwas frisch gemahlenem Pfeffer abschmecken.

Hauptgerichte

Apfel-Kartoffel-Tarte

350 g Dinkelmehl, fein gemahlen
1 Prise Salz
3 EL lauwarmes Wasser
150 g Butter

Aus diesen Zutaten einen Mürbeteig herstellen und 30 Minuten kalt stellen.

500 g Kartoffeln schälen und in dünne Scheiben schneiden.
1 großen Apfel in dünne Scheiben schneiden.

Soße

150 g Crème fraîche
100 g Sahne
1 TL Johannisbrotkernmehl
Kräutersalz
Pfeffer
Muskatnuss
Thymian getrocknet

Alles zu einer schmackhafte Soße verrühren.

Von dem Mürbeteig ein Drittel in eine flache Kuchenform geben und einen Rand hochziehen. Die Äpfel und Kartoffeln darauf legen, die Soße darüber gießen und mit dem Rest des Mürbeteigs bedecken. Oben in den Teig mit der Gabel ein paar Mal hinein stechen.

Bei 180 °C 45 bis 50 Minuten im Backofen backen.

Auberginen-Auflauf

2 Auberginen
2 EL Olivenöl

Soße

1 Glas Tomatensoße (400 ml)
2 Knoblauchzehen, geschnitten
Kräutersalz
Pfeffer
150 g Crème fraîche
2 EL Olivenöl
1 El Basilikum
1 EL Johannisbrotkernöl
100 g geriebener Käse

Auberginen in Scheiben schneiden, mit Olivenöl bestreichen und im Backofen auf dem Blech bei 200 °C ungefähr 15 Minuten garen.

Alle Zutaten für die Soße mit einem Pürierstab zerkleinern.

In einer Auflaufform zuunterst eine Schicht Auberginen legen, darauf eine Schicht Soße geben. Das Ganze wiederholen und mit Auberginen aufhören.

Den Käse darüberstreuen (der Käse kann bei tiereiweißfreier Ernährung weggelassen werden).

Bei 200 °C 25 bis 30 Minuten im Backofen backen.

Auflauf „Spargel-Nudel"

250 g Penne-Nudeln
500 g Spargel
1 Bund Schnittlauch
350 g Spargelwasser
150 g Crème fraîche
Pfeffer
Kräutersalz
Curry
Kurkuma

Die Nudeln bissfest kochen. Den Spargel schälen und in kleine Stücke schneiden, ebenfalls bissfest kochen und das Spargelwasser aufheben.

Die Spargelstücke mit den Nudeln und dem kleingeschnittenen Schnittlauch vermengen.

Aus den anderen Zutaten eine Soße herstellen und über den Auflauf gießen. Wer möchte, kann noch Käse darüberstreuen.

Bei 200 °C 30 Minuten im Backofen backen.

Die besondere Ofenkartoffel

Kartoffeln, Menge je nach Bedarf
Crème fraîche
Knoblauchzehen

Kartoffeln waschen, aber nicht schälen, in der Hälfte durchschneiden und eine Hälfte mit Crème fraîche bestreichen. Die andere Hälfte auf der Schalenseite einschneiden, eine Scheibe Knoblauch hinein legen und die Kartoffel wieder zusammen setzten. Dann auf ein Backblech legen und bei 200 °C 1 Stunde backen. Sollten die Kartoffeln sehr groß sein, die Backzeit verlängern.

Dipp

150 g Crème fraîche
100 g Sahne
2 Knoblauchzehen, ausdrückt
Kräutersalz
Pfeffer

Alles miteinander verrühren und zu den Ofenkartoffeln reichen.

Fenchelpfanne von Gisela

2 große Fenchelknollen
1 große Zwiebel
Kräutersalz
Pfeffer
Kurkuma
2 EL Sonnenblumenöl
150 g Crème fraîche
50 ml Wasser

Den geputzten Fenchel und die geschälte Zwiebel in Scheiben scheiden.
Das Sonnenblumenöl in die Pfanne geben und die Fenchel- und Zwiebelscheiben anbraten.
Mit Wasser ablöschen und ungefähr 15 Minuten köcheln lassen.
Mit den Gewürzen abschmecken und Crème fraîche unterheben.

Gebratene Kürbisspalten mit Kräuter-Dipp

1 kleiner Hokkaido-Kürbis
Olivenöl

Dipp

200 g Crème fraîche
Salz
Schwarzer Pfeffer
2 Knoblauchzehen
1 Bund Schnittlauch
1 Bund frische Kräuter

Crème fraîche mit etwas Wasser cremig rühren, mit Pfeffer, durchgepresstem Knoblauch und klein geschnittenen Kräutern verrühren.
Den Hokkaido vierteln, entkernen und waschen. Jedes Viertel in mindestens 3 Spalten schneiden.
Olivenöl in eine große Pfanne geben und die Kürbisspalten von beiden Seiten braten. Der Hokkaido-Kürbis wird mit Schale gegessen, da sie beim Braten ganz weich wird.
Die gebratenen Kürbisspalten mit dem Kräuter-Dipp servieren.

Tipp:
Dazu schmecken frisch gebackenes Brot oder Pellkartoffeln.

Gebratene Tomaten auf Erbsenpüree

10 feste längliche Tomaten
400 g gefrorene oder frische Erbsen
etwas frische Pfefferminze
1 - 2 EL Olivenöl
1 EL Honig
Salz
Pfeffer

Soße

1 Zwiebel
1 EL Senf
200 g Sahne
1 EL Olivenöl
1 TL Honig
Pfeffer
Salz

Klein geschnittene Zwiebel in Olivenöl andünsten, Senf und Sahne dazugeben. Mit dem Pürierstab pürieren und mit Honig, Pfeffer und Salz abschmecken.

Die Erbsen kurz aufkochen, das Wasser bis auf eine Tasse abgießen. Mit Pfeffer, Salz und der frischen Minze pürieren.
Die Tomaten in Olivenöl anbraten und mit Honig karamellisieren.
Erbsenpüree mit den Tomaten auf einem Teller anrichten und etwas Soße darüberträufeln.

Tipp:
Dazu schmecken Pellkartoffeln oder Meterbrot.

Gefüllte Paprika

4 rote Paprika

Füllung

200g Champignonpilze
5 EL Basmati-Reis
1 EL Sonnenblumenöl
Kräutersalz
Schwarzer Pfeffer
Kurkuma
150 g Crème fraîche
2 Zwiebeln
3 Knoblauchzehen
8 Cocktailtomaten

Soße

500 ml Tomatensoße (aus dem Glas)
200 ml Sahne
1 Knoblauchzehe, gepresst
1 TL gekörnte Gemüsebrühe
1 TL schwarzer Pfeffer
½ TL Kurkuma
3 EL Schnittlauch, fein gehackt
1 EL Basilikum, getrocknet und gerieben
1 TL Johannisbrotkernmehl

Den Reis vorkochen, die in Scheiben geschnittenen Pilze, die gehackten Zwiebeln und den Knoblauch sowie die Tomaten im Sonnenblumenöl anbraten. Dann vom Herd nehmen, Crème fraîche dazugeben und mit den Gewürzen abschmecken. Mit dem gekochten Reis vermengen.
Von den Paprikas die Deckel abschneiden, sie aushöhlen und mit dem Reisgemisch füllen. Den Paprikadeckel wieder auflegen.
Für die Soße alle Zutaten verrühren. Die gefüllten Paprikas in eine Auflaufform geben, die Soße dazugießen und die Auflaufform mit einem Deckel verschließen.

Bei 200 °C ungefähr 40 Minuten im Backofen backen.

Gefüllte Gemüsezwiebeln

4 Gemüsezwiebeln
1 ½ l Salzwasser

Gemüsezwiebeln schälen und in Salzwasser bei schwacher Hitze 15 Minuten kochen. Die Zwiebeln mit einem kleinen, spitzen Messer aushöhlen.

Soße

1 l Zwiebelwasser
200 ml Sahne
½ TL gekörnte Brühe
1 TL Senf
1 TL Johannisbrotkernmehl

Die Zutaten zusammenrühren und das aus den Zwiebeln genommene Zwiebelgemüse dazugeben und pürieren.

Füllung

7 EL Reis vorkochen
2 kleine Zwiebeln, gewürfelt
200 g Shiitake-Pilze
Pfeffer
Kräutersalz
1 TL Majoran
1 EL Sonnenblumenöl

Das Sonnenblumenöl in eine Pfanne geben, darin die gewürfelten Zwiebeln und die klein geschnittenen Shiitake-Pilze mit den Gewürzen anbraten, den Reis dazugeben, die Pfanne vom Herd nehmen und Crème fraîche unterrühren.
Die Soße in eine Auflaufform geben, die Zwiebeln mit der Reismischung füllen und in die Soße setzen.

Bei 180 °C 35 Minuten im Backofen backen.

Grünkohl

1 kg Grünkohl
100 g Butter
2 EL Honig
400 g Gemüsebrühe
Pfeffer
150 g Crème fraîche
3 Zwiebeln, in Würfel geschnitten
2 Knoblauchzehen, klein gehackt

Zwiebeln und Knoblauch mit 2 EL Butter anbraten, den Grünkohl waschen und zu den Zwiebeln geben. Brühe dazugeben und mit allen anderen Zutaten 1 bis 1 ½ Stunden kochen.
Die Flüssigkeit abgießen und mit dem Rest Butter noch einmal aufbraten.

Dazu Bratkartoffeln reichen.

Kraut-Nudeln aus Österreich

1 kleiner Weißkohl oder 250 g Sauerkraut
2 Zwiebeln
Pfeffer
Salz
gemahlener Kümmel
Muskatnuss
150 g Crème fraîche
2 TL Butter
1 Tasse Wasser
250 g Nudeln

Zwiebeln und Kohl in der Butter anbraten, Wasser dazugeben und ungefähr eine 1/2 Stunde dünsten, dann die Nudeln unterheben. So lange dünsten, bis die Nudeln gar sind. Oder die Nudeln vorher kochen und zum Schluss unterheben. Mit den Gewürzen abschmecken und Crème fraîche unterheben.

Kartoffelpuffer mit Sauerkraut

4 große Kartoffeln oder 8 mittlere Kartoffeln
8 geh. EL Weizenvollkornmehl, fein gemahlen
50 ml Wasser
1 Zwiebel
Pfeffer
Salz
Butter oder Öl zum Braten

Die Zwiebeln schälen und fein hacken. In einer Pfanne 40 g Butter zerlassen und Zweidrittel der Zwiebelwürfel darin glasig andünsten.

Während das Sauerkraut kocht, die Kartoffeln roh schälen und grob raspeln. Mit dem Mehl, den restlichen Zwiebeln, etwas Salz und dem Wasser vermischen. In einer Bratpfanne die Butter erhitzen. Aus der Masse Kartoffelpuffer formen und von beiden Seiten knusprig ausbacken.

Sauerkraut

500 g Sauerkraut
2 Zwiebeln
250 ml Sekt oder Weißwein (nach Wunsch auch Apfelsaft)
80 g Butter
1 Lorbeerblatt
gekörnte Brühe
Salz
frisch gemahlener Pfeffer
150 g Crème fraîche

Sauerkraut etwas klein schneiden, hinzufügen und mit dem Lorbeerblatt, Salz und Pfeffer zusammen anbraten, dann mit dem Sekt oder Weißwein ablöschen. Die Hitze reduzieren und zugedeckt 30 bis 40 Minuten garen. Crème fraîche dazugeben, nochmal aufkochen.

Kartoffelwaffeln

200 g gekochte Kartoffeln, vom Vortag
300 ml Sahne-Wasser-Gemisch
½ Würfel Biohefe
250 g Weizenvollkornmehl, fein gemahlen
150 g Crème fraîche
½ TL Salz
Pfeffer
Kurkuma
Curry
1 Zwiebel, ganz fein gehackt

Die kalten Kartoffeln durch eine Kartoffelpresse drücken.
Die Hefe mit dem Sahne-Wasser-Gemisch verrühren, das Mehl zugeben
und ungefähr 15 Minuten gehen lassen.
Crème fraîche, Zwiebel und Kartoffeln dazugeben und gut durchkneten,
dann alle Gewürze zugeben und herzhaft abschmecken.
Die Waffeln backen und dazu ein Dipp reichen.

Dipp

200 g Crème fraîche
3 El Wasser
Kräutersalz
Pfeffer
alles zusammen gut verrühren

1 ausgepresste Knoblauchzehe
1 Handvoll Kräuter, klein geschnitten,
z.B. Petersilie, Schnittlauch,
Sauerampfer

Kartoffel-Sauerkraut-Püree

500 g Sauerkraut
1 Zwiebel
1 Apfel, in Würfel geschnitten
1 EL Butter

100 ml Weißwein
100 ml Brühe
Salz
Pfeffer

Alle Zutaten zusammen andünsten und etwas köcheln lassen.
4 Kartoffeln klein schneiden und zu dem Sauerkraut geben. Ungefähr eine
1/2 Stunde gar kochen lassen. Dann die Kartoffeln stampfen und abschmecken
mit Muskatnuss, Pfeffer, Salz und Honig, falls es zu sauer schmeckt.

Kräuterreistorte von Gisela

1 Zwiebel
1 Stange Lauch
2 Möhren
2 Paprika, weiß und rot
2 EL Öl

250 g Vollkornreis (ca. 2 Tassen)
4 Tassen Brühe

Salz
Pfeffer
Paprikapulver
300 g Crème fraîche
frische Kräuter, z.B. Schnittlauch, Petersilie, Thymian

Das geputzte und klein geschnittete Gemüse zusammen anbraten.
Den Reis in der Brühe kochen.
Das gebratene Gemüse und den gekochten Reis mit den Gewürzen vermengen.
Eine runde Kuchenform mit Butter fetten und den Kräuterreis in die Form füllen.
2 Fleischtomaten oder kleine Cocktailtomaten in Scheiben schneiden und darauflegen.

Bei 160 °C (Umluft) etwa 20 Minuten im Backofen backen.

Dazu schmeckt eine Knoblauch-Crème fraîche-Soße.

1 - 2 Becher Crème fraîche (je 200 g)
2 Knoblauchzehen, zerdrückt
frische Petersilie
etwas Wasser

Alle Zutaten zusammen verrühren.

Kürbis-Pilz-Lasagne

Füllung

600g Hokkaido-Kürbis
250 g Champignons
100g Kräuterseitlinge
2 Zwiebeln
2 EL Olivenöl
Kräutersalz
Pfeffer
Kurkuma
etwas frischen Ingwer
Curry
150 g Crème fraîche
100 ml Brühe
10 - 12 Lasagne-Vollkorn-Platten (ohne Vorkochen)

Soße

150 g Crème fraîche
200 ml Sahne
300 ml Brühe
Muskatnuss
Pfeffer
Kräutersalz
2 TL Johannisbrotkernmehl

Den Hokkaido waschen und mit der Schale in kleine Würfel schneiden, Zwiebeln klein schneiden und die Pilze in Scheiben schneiden. In einer Pfanne alle Zutaten im Olivenöl anbraten, dann mit den Gewürzen und der Brühe ablöschen. Crème fraîche unterheben und etwas abkühlen lassen.
Alle Zutaten für die Soße zusammen rühren.

Eine Auflaufform mit Butter ausstreichen und zuunterst eine Lage Lasagne hineinlegen, dann Füllung darauf geben, das Gleiche noch einmal schichten und zuletzt die Soße darüber gießen.
Wer möchte kann Parmesankäse darüber geben.

Bei 200 °C 40 Minuten im Backofen backen.

Kürbisauflauf

700 g Hokkaido-Kürbis
200 g Sahne
150 g Crème fraîche
Pfeffer
Kräutersalz
Kurkuma
Currypulver

Den Hokkaido waschen und mit Schale in Scheiben schneiden.
Dann mit einer Gurkenreibe in dünne Scheiben schneiden und in eine Auflaufform schichten.
Sahne und Crème fraîche verrühren und mit den Gewürzen abschmecken.
Über den Kürbis geben.

Bei 200 °C 30 Minuten im Backofen backen.

Wer möchte, kann Käse über den Auflauf streuen.

Kürbispüree

½ kleiner Hokkaido-Kürbis
6 Kartoffeln
5 Möhren
½ l Brühe
200 g Sahne

Kürbis, Kartoffeln und Möhren in der Brühe gar kochen.
Durchstampfen und die Sahne unterheben.

Tipp:
Schmeckt gut zu Bratlingen.

Möhren-Nudel-Pfanne

400 g Penne-Nudeln, gekocht
500 g Möhren, in dünne Scheiben geschnitten
1 Bund Frühlingszwiebeln, in Scheiben geschnitten
oder
2 - 3 Zwiebeln, gewürfelt
2 EL Butter
125 ml Brühe
100 ml Sahne
Pfeffer
Kräutersalz
2 EL Pinienkerne
Kresse oder Petersilie

Die Butter in eine Pfanne geben und die Möhren darin 5 Minuten dünsten, dann Frühlingszwiebeln dazugeben mit anbraten.
Brühe und Sahne dazugießen, weitere 5 Minuten dünsten und die gekochten Nudeln unterheben.
Mit Salz und Pfeffer abschmecken, die Pinienkerne und Kresse oder Petersilie darüberstreuen.

*Die Arbeit läuft Dir nicht davon,
wenn Du einem Kind den Regenbogen zeigst.
Aber der Regenbogen wartet nicht,
bis Du mit der Arbeit fertig bist.*

Aus China

Pastinaken-Eintopf

500 Pastinaken
500 g Kartoffel
3 Möhren
2 Zwiebeln
200 g Sahne
½ l Gemüsebrühe
Pfeffer
Kurkuma
Kräutersalz
2 EL Sonnenblumenöl

Die Zwiebeln in Öl anbraten.
Kartoffeln schälen und zugeben. Pastinaken und Möhren waschen und auch kurz mit anbraten. Brühe zugeben, mit etwas Pfeffer, Kräutersalz und Kurkuma abschmecken. Das Ganze eine 1/2 Stunde kochen lassen.
Mit einem Kartoffelstampfer zerdrücken und die Sahne zugeben.
Wer mag, kann etwas Käse darüberstreuen, zum Beispiel einen alten Gouda.

Bei 180 °C 30 Minuten im Backofen backen.

Tipp:
Dazu schmecken Bratlinge.

Pastinaken-Kartoffel-Auflauf

500 g Pastinaken
500 g Kartoffeln
2 Zwiebeln
3 EL Sonnenblumenöl
Pfeffer
Kräutersalz
½ TL Kurkuma
1 TL Curry
200 g Sahne
150 g Crème fraîche

Pastinaken waschen und Kartoffeln schälen, dann beides raspeln,
Zwiebeln fein hacken.
Sonnenblumenöl in eine Pfanne geben, darin Kartoffeln, Pastinaken und
Zwiebeln anschmoren und mit Kräutersalz, Curry und Pfeffer abschmecken.
So lange schmoren bis das Gemüse gar ist.
Dann in eine gefettete Auflaufform geben. Sahne und Crème fraîche mit dem
Kurkuma verrühren und über das Gemüse geben.

Bei 200 °C 15 Minuten im Backofen überbacken.

Pellkartoffeln mit Crème fraîche-Dipp

Kartoffeln mit Schale, gekocht
(Die Menge hängt von der Personenzahl und dem Hunger ab.)

Crème fraîche-Dipp

200 g Crème fraîche
½ TL Kräutersalz
Pfeffer
½ TL Kurkuma
Schnittlauch
Petersilie
3 EL kaltes Wasser

Alle Zutaten gut verrühren.

Ein schnelles Essen, wenn mal wieder gar keine Zeit ist.

Vorweg gibt es bei uns einfach eine Rohkostplatte mit all dem, was der Kühlschrank hergibt, einfach mit einem guten Olivenöl, etwas Essig und Pfeffer angemacht.

Tipp:
Wenn man die doppelte Menge Crème fraîche anrührt, kann man es auch wunderbar als Aufstrich auf Vollkornkornbrot essen.

Porreegemüse

2 mittelgroße Stangen Porree
100 g Gemüsebrühe
1 Große Zwiebel
1 EL Weizenvollkornmehl, fein gemahlen
200 g Sahne
2 EL Sonnenblumenöl
Pfeffer
Salz

Den Porree waschen und in Ringe schneiden.
Die Zwiebeln schälen und würfeln.
Beides in der Pfanne mit Sonnenblumenöl anbraten.
Das Mehl darüber streuen und mit der Brühe und der Sahne ablöschen.
Auf kleiner Flamme ungefähr 15 Minuten ziehen lassen.

Dazu Pellkartoffeln oder Reis reichen.

Porreeauflauf

4 Stangen Porree
200 g Sahne
150 g Crème fraîche
200 g Gemüsebrühe
3 EL Dinkelmehl, fein gemahlen
Pfeffer
Kurkuma
Muskatnuss

Den Porree waschen, in 10 cm große Stücke schneiden und 10 Minuten in der Gemüsebrühe kochen. In eine Auflaufform legen.
Alle anderen Zutaten plus 100 g Porreewasser miteinander vermischen und über den Porree gießen.

Bei 200 °C 25 Minuten im Backofen backen.

Wer mag, kann etwas Käse, zum Beispiel einen alten Gouda, darüberstreuen.
In diesem Fall bei nur 180 °C 30 Minuten im Backofen backen.

Rote Beete-Päckchen
mit Zwiebel-Apfel-Pfanne

4 kleine Rote Beete
Salz
Pfeffer, mit der Mühle gemahlen
abgeriebene Zitronenschale

Rote Beete waschen und mit einer Gurkenreibe in Scheiben schneiden. Backpapier nehmen, 1 rote Beete fächerförmig in Scheiben geschnitten darauflegen. Mit Salz, Pfeffer und Zitronenschale würzen und das Päckchen zumachen. Dasselbe auch mit den anderen Rote Beeteknollen machen.
Auf das Backblech setzen.

Bei 200 °C 25 bis 30 Minuten im Backofen backen.

3 mittelgroße Zwiebeln
3 Äpfel
1 EL Butter

Die Zwiebeln in Scheiben schneiden, die Äpfel nicht zu klein würfeln und mit der Butter in einer Pfanne schmoren. Zu den Rote Beete-Päckchen auf einem Teller servieren.

Dazu Stampfkartoffeln reichen:

10 große Kartoffeln, geschält
200 g Sahne
Muskatnuss

Die Kartoffeln in Brühe kochen und danach stampfen, dabei Sahne und Muskatnuss dazugeben.

Hauptgerichte

Rote Beete-Tarte

250 g Weizenvollkornmehl, fein gemahlen
125 Butter
2 EL Crème fraîche
1 TL Meersalz

Alle Zutaten zusammen verkneten und eine 1/2 Stunde stehen lassen.
Dann in eine Tartenform geben.

Belag

500 g Rote Beete	Kräutersalz
200 g Crème fraîche	Pfeffer
200 g Sahne	Kurkuma
3 TL Braunhirsemehl, fein gemahlen	Curry

Die Rote Beete putzen und 15 Minuten im Ganzen vorkochen. Abkühlen lassen und in dünne Scheiben schneiden. Aus dem Rest der Zutaten eine schmackhafte Soße anrühren. Die rote Beete auf den Teig legen und mit Soße übergießen.

Bei 200 °C 40 Minuten im Backofen backen.

Sauerkraut - ganz schnell

500 g Sauerkraut	1 TL Curry
2 Zwiebeln	Pfeffer
2 Äpfel	Kräutersalz
200 g Crème fraîche	½ TL Kurkuma
2 EL Butter	

Zwiebeln und Äpfel in kleine Würfel schneiden und dann in der Butter anbraten. Sauerkraut zugeben und 15 Minuten schmoren lassen. Crème fraîche dazugeben und mit den Gewürzen abschmecken. Dann nochmal 10 Minuten schmoren lassen.
Dazu schmecken Pellkartoffeln.

Sauerkraut-Apfel-Auflauf

mit Kartoffelpüree

2 Zwiebeln
5 EL Butter
¼ l Weißwein
200 g Sauerkraut
½ TL Kümmel
Salz
Pfeffer
1 TL Honig
3 Äpfel
200 g Crème fraîche

Zwiebeln in Butter andüsten und mit dem Weißwein ablöschen. Sauerkraut dazugeben, mit Kümmel, Salz, Pfeffer, Honig, 2 Äpfeln und Crème fraîche anbraten.

Sauerkraut in eine gefettete Auflaufform geben. Einem Apfel das Kerngehäuse ausstechen und in Scheiben geschnitten auf das Sauerkraut legen.

Bei 200 °C 15 bis 20 Minuten im Backofen backen.

Kartoffelpüree

500 g Kartoffeln
Brühe
200 g Sahne
Muskatnuss

Kartoffeln in der Brühe kochen, mit der Brühe durchstampfen, die Sahne unterheben und mit Muskatnuss abschmecken.

Sauerkrautstrudel

auf Champignonpilzen und Feldsalat

250 g Dinkelmehl, fein gemahlen
125 ml Wasser
1 ½ EL Sonnenblumenöl
1 Msp. Salz

Alle Zutaten gut durchkneten, 20 Minuten stehen lassen, dann nochmal kneten und den Teig gut durchschlagen.
Ein Küchenhandtuch ausbreiten, mit Dinkelmehl bestreuen und den Teig darauf ausrollen.

Füllung

500 g Sauerteig
2 Zwiebeln
1 großen Apfel
150 g Crème fraîche
Pfeffer
Kräutersalz
Kurkuma
2 EL Butter

Butter in eine Pfanne geben und darin die klein gehackten Zwiebeln und den in kleine Stücke geschnittenen Apfel anbraten, das Sauerkraut dazugeben und mit den Gewürzen abschmecken.
20 Minuten durchbraten, erkalten lassen und Crème fraîche unterrühren.
Die Füllung auf den Strudelteig geben, das Handtuch anfassen und aufrollen.

Bei 200 °C 35 Minuten im Backofen backen.

Pilzbeilage

300 g Champignons
3 Zwiebeln
2 Knoblauchzehen
2 EL Butter
150 g Crème fraîche

Die Champignons in Scheiben, die Zwiebeln in Würfel und den Knoblauch in Scheiben schneiden. Alles in der Butter anbraten, vom Herd nehmen und Crème fraîche unterziehen.

Feldsalat

150 g Feldsalat
3 EL dunklen Balsamico-Essig (ohne Fabrikzucker)
1 ½ EL Olivenöl
bunter Pfeffer in der Mühle gemahlen
1 TL Senf (ohne Fabrikzucker)
1 TL Honig
6 Walnüsse
Essig
Öl
Pfeffer
Senf

Die Walnüsse klein hacken, Essig und Öl gut durchschlagen, den Honig und die Walnüsse unterrühren. Das Dressing mit dem gewaschenen Feldsalat vermengen.

Auf einer Servierplatte die Pilze in der Mitte verteilen, den Feldsalat rundherum drapieren und den Strudel in Stücken auf die Pilze legen.

Schnelle Tomatensoße
für Nudeln oder Pizza

6 große Tomaten
1 Zwiebel
1 Knoblauchzehe
2 EL Olivenöl
Oregano
Salz
Pfeffer

Die gewaschenen Tomaten fein würfeln, die Zwiebeln schälen und fein würfeln, den Knoblauch klein schneiden. Zwiebeln und Knoblauch in Olivenöl etwas ausbraten.
Die Tomaten dazugeben, alles weich dünsten und mit den Gewürzen abschmecken, danach pürieren.

Spargelpfanne mit Spaghetti

2 EL Olivenöl
1 kg Spargel
3 Knoblauchzehen
2 Zwiebeln
300 g Crème fraîche
Salz
Pfeffer

Den Spargel schälen und in kleine Stücke schneiden. Den Knoblauch in Scheiben schneiden, die Zwiebeln klein hacken.
Olivenöl in eine Pfanne geben. Darin die Zwiebeln und den Knoblauch anbraten. Den Spargel mit hineingeben und nur so lang auf kleiner Stufe braten, dass er noch bissfest ist. Crème fraîche unterrühren und kurz heiß werden lassen.

Die Spaghetti kochen und mit der Spargelpfanne servieren.

Spitzkohl-Bratlinge

700 g Spitzkohl
1 Knoblauchzehe
150 g Crème fraîche
130 g Weizenvollkornmehl, fein gemahlen
1 TL Salz
Pfeffer
Kräutersalz
Kurkuma
3 EL Olivenöl

Den Spitzkohl fein raspeln und 10 Minuten in Salzwasser kochen.
Abkühlen lassen.
Die Zwiebeln und den Knoblauch hacken.
Alle Zutaten vermischen, mit Crème fraîche und dem Mehl vermengen.
Dann mit den Gewürzen abschmecken.

Kleine Bratlinge formen und in einer Pfanne mit Olivenöl ausbacken.

Steckrübengemüse von meiner Mutter Wilma

1 Steckrübe

Sie Steckrübe in kleine Stücke schneiden und in Salzwasser eine 1/2 Stunde gar kochen.

Weiße Soße

2 EL Butter
1 EL Weizenvollkornmehl, fein gemahlen
150 g Wasser aus der Steckrübenbrühe
200 g Sahne

Die Butter in einem Topf schmelzen, das Mehl untermischen, die Steckrübenbrühe dazugeben und mit der Sahne verfeinern.

Steckrüben-Eintopf

1 kleine Steckrübe
7 Kartoffeln mittelgroß (ausnahmsweise schälen)
4 Möhren
1 Knoblauchzehe
200 g Crème fraîche
300 ml Gemüsebrühe
2 EL Sonnenblumenöl
1 TL Kräutersalz
½ TL Kurkuma
½ Bund Petersilie

Gehackten Knoblauch in dem Sonnenblumenöl anbraten.
Steckrüben und die Kartoffeln schälen und in Würfel scheiden, Möhren waschen und auch klein schneiden.
Das Gemüse in den Topf geben und anbraten, mit der Gemüsebrühe ablöschen.
35 Minuten bei mittlerer Hitze kochen lassen und dann durchstampfen.
Crème fraîche unterrühren und mit der gehackten Petersilie bestreuen.

Zwiebelkuchen „Hefeteig"

Hefeteig

500 g Weizenvollkornmehl, fein gemahlen
1 Würfel Biohefe
¼ l Sahne-Wasser-Gemisch
1 TL Salz
100 g Butter
150 g Crème fraîche

Die Hefe in dem Sahne-Wasser-Gemisch auflösen, das Weizenvollkornmehl unterrühren und 15 Minuten stehen lassen.
Salz, Butter und Crème fraîche dazukneten und nochmal 20 Minuten ruhen lassen.

Belag

1 ½ kg Zwiebeln
1 EL Butter
300 g Crème fraîche
Pfeffer
Kräutersalz
Cocktailtomaten für die Dekoration

Die Zwiebeln in Scheiben schneiden und in einer Pfanne in Butter, Kräutersalz und Pfeffer dünsten, nicht braun werden lassen.
Nach dem Erkalten Crème fraîche unterheben.

Ein Backblech fetten, den Hefeteig darauf verteilen, die Zwiebelmasse auf den Teig streichen und mit halbierten Cocktailtomaten belegen.

Bei 200 °C 30 bis 35 Minuten im Backofen backen.

Desserts

Apfelreis

150 g Vollkornreis
200 ml Wasser
150 ml Sahne
1 Prise Salz
400 g Äpfel
1 TL Butter
1 TL Zimt
2 EL Akazienhonig
200 g geschlagene Sahne

Den Reis mit Wasser, Sahne und einer Prise Salz aufkochen und 40 Minuten bei schwacher Hitze garen lassen.
Äpfel in Würfel schneiden und in Butter kurz andünsten.
Mit Zimt und Akazienhonig sowie dem gekochten Reis vermischen.
Die geschlagene Sahne unterheben.

Schmeckt warm und kalt.

Aprikosencreme mit Sesamkrokant

300 g getrocknete Aprikosen
500 ml warmes Wasser
½ unbehandelte Zitrone

Die getrockneten Aprikosen abwaschen, in warmem Wasser eine Stunde einweichen lassen. Die eingeweichten Aprikosen mit dem Einweichwasser zum Kochen bringen, Honig, Zitronensaft und abgeriebene Zitronenschale hinzufügen und 20 bis 30 Minuten zu einer dicken Creme einkochen. Öfters umrühren, da die Creme leicht anbrennt.
Mit dem Mixer pürieren und kaltstellen.

Sesamkrokant

50g Sesamkörner
1 EL Honig

Die Sesamkörner in einer kleinen trockenen Pfanne unter Rühren anrösten, bis die Körner hochspringen. Den Honig unter die heißen Sesamkörner mischen. Die Masse auf einem Teller glattstreichen und kalt werden lassen.
Nach ungefähr 1 ½ Stunden lässt sich das Krokant in Stücke schneiden.

Sahnecreme

200 g Sahne
150 g Crème fraîche
1 EL Honig
½ TL Vanille
½ TL Johannisbrotkernmehl

Sahne, Crème fraîche, Honig, Vanille und das Johannisbrotkernmehl gut verrühren.

Pro Person in eine kleine Glasschale 2 EL Aprikosencreme geben,
darauf 1 ½ EL Sahnecreme und dann einige Krokantstücke daraufstreuen.

Aprikosenkaltschale

½ l Wasser
½ l Apfelsaft
50 g getrocknete Aprikosen
3 EL Hirsemehl, fein gemahlen
500 g frische Aprikosen
2 EL Zitronensaft
2 EL Honig
200 g Sahne, geschlagen
Zitronenmelisse

Die frischen Aprikosen entsteinen, die gemahlene Hirse mit ¼ Liter Wasser verrühren. Die getrockneten Aprikosen in Würfel schneiden. Die Hälfte der Früchte würfeln und mit dem restlichen Wasser, Apfelsaft und den getrockneten Aprikosen aufkochen. Das angerührte Hirsemehl unterziehen und ausquellen lassen. Die restlichen Aprikosen mit Zitronensaft und Honig pürieren und unter die Kaltschale rühren.
Ein Drittel der geschlagen Sahne unterheben und den Rest zum Garnieren verwenden. Gut gekühlt mit Sahne und Zitronenmelissenblättern garniert servieren.

Haselnusscreme

250 ml Sahne-Wasser-Gemisch
60 g Reismehl
3 EL Honig
1 Msp. Vanille
150 g Haselnüsse, feingerieben und geröstet
200 g Sahne

Das Sahne-Wasser-Gemisch mit dem Reismehl verrühren und dann aufkochen (wie Brandteig vergl. Seite 25).
Auskühlen lassen. Den Honig einrühren und mit den Handmixer die feingeriebenen Hasselnüsse dazugeben. Die Sahne steif schlagen und unterheben.
Die Creme in Dessertgläser füllen und in den Kühlschrank stellen.

Hirse-Nachtisch

150 g Hise
½ l Sahne-Wasser-Gemisch
150 g Crème fraîche
2 EL Honig

Das Sahne-Wasser-Gemisch aufkochen, vom Herd nehmen, die Hirse hineingeben und zugedeckt 30 Minuten quellen und kalt werden lassen. Die Crème fraîche mit dem Honig verrühren und unter die Hirse heben.
Den Hirse-Nachtisch in Glasschalen füllen.

Fruchtsoße

2 Äpfel
Orangensaft oder Apfelsaft
2 Bananen
2 EL Honig

Die Äpfel reiben und mit Orangensaft oder Apfelsaft vermischen. Die Bananen und den Honig zugeben und alles mit dem Pürierstab zerkleinern.

Mit Sahne und Kürbiskernen verziehren.

Kiwi auf Mandelcreme

250 g weißes Mandelmuss oder Erdnussmuss
400 g Sahne
¼ TL Vanillegewürz
2 EL Honig
4 Kiwis
etwas Kakaopulver für die Dekoration

Mandel- oder Erdnussmus mit 200 g Sahne, Vanille und dem Honig im Standmixer cremig rühren.
Die übrigen 200 g Sahne steif schlagen und die Hälfte der Schlagsahne unter die Creme heben. Den Rest der Sahne zum Garnieren aufheben.
Die Kiwis in dünne Scheiben schneiden und um die Creme dekorieren.
Zur Dekoration etwas Kakaopulver auf den Rand des Tellers streuen.

Kürbisschaum-Dessert

250 g Kürbis
2 Zitronen
250 g Sahne
100 g Honig
150 g Crème fraîche
2 gestr. TL Johannisbrotkernmehl

zum Garnieren:
150 g geschlagene Sahne
1 EL Kokosraspeln

Kürbis waschen, entkernen und in Stücke schneiden (Hokkaido-Kürbis kann mit Schale verwendet werden). Von den Zitronen die Schale abreiben und die Zitronen dann auspressen. Kürbis, Honig, Zitronensaft und Zitronenschale in einen Topf geben und zugedeckt ungefähr 15 Minuten köcheln lassen, dann pürieren. Crème fraîche unterheben, Johannisbrotkernmehl langsam dazugeben und unter ständigem Rühren ungefähr 2 Minuten köcheln lassen. Im Kühlschrank erkalten lassen, dann 250 g geschlagene Sahne unterheben.
In eine Glasschale geben und mit der Sahne und den Kokosraspeln garnieren.

Pflaumenkompott mit Vanillecreme

¼ Tasse Wasser
500 g Pflaumen
1 EL Honig
Zimt

Die Pflaumen waschen, halbieren und entsteinen. Zusammen mit dem Wasser in einen Topf geben, einmal aufkochen lassen, mit Honig und Zimt abschmecken und pürieren.

Vanillecreme

400 g Crème fraîche
400 g Sahne
2 EL Honig
¼ TL Vanille
1 TL Johannisbrotkernmehl

Crème fraîche mit Honig, Vanille und Johannisbrotkernmehl aufschlagen. Die Sahne steif schlagen und unter die Crème fraîche heben. Schmeckt gut zu Apfel- oder Pflaumenmus, auch als Tortenaufstrich gut zu verwenden.

Rhabarbercreme

200 g Rhabarber
2 EL Wasser
3 reife Bananen
1 EL Honig
Zimt
Vanille
2 TL Johannisbrotkernmehl
200 g Sahne

Den Rhabarber putzen, schälen und in Stücke schneiden.
In Wasser kurz dünsten und abkühlen lassen.

Bananen schälen, in Stücke schneiden, zum Rhabarber geben und mit Zitronensaft und Honig pürieren.
Mit ein wenig Zimt und Vanille würzen und abkühlen lassen.
Die Sahne steif schlagen und unterheben.

Zitronencreme – zweierlei zu verwenden

2 Zitronen, Saft und Schale
2 EL Butter
1 TL Johannisbrotkernmehl
200 g Crème fraîche
2 EL Sahne
2 EL Honig

Alle Zutaten in einen kleinen Kochtopf geben und unter ständigem Rühren einmal aufkochen.
Die Creme abkühlen lassen und eine Nacht in den Kühlschrank stellen.

Die Zitronencreme kann man als **Nachtisch** verwenden, indem man sie in kleine Dessertschalen füllt und mit Sahne und einem kleinen Stück Mango garniert.

Lecker auch für eine **Torte**.
Die Zitronencreme auf einen Bisquitboden oder Mürbeteigboden streichen, geschlagene Sahne darauf verteilen und verzieren.

Kleine Snacks

Champignons – lecker gefüllt

8 große Champignons
150 g Blattspinat
4 Kirschtomaten
2 Knoblauchzehen
2 EL Olivenöl
Pfeffer
Salz
70 g Gorgonzola
2 EL Crème fraîche

Champignons putzen und Stiele herausdrehen. Spinat verlesen und gründlich waschen. Knoblauch schälen und mit den Champignonstielen klein würfeln. Tomaten waschen und vierteln.

Pilzköpfe kurz von beiden Seiten in Öl anbraten und in eine Auflaufform setzen. Knoblauch und klein geschnittene Pilzstiele in dem gleichen Öl anbraten.

Tomaten und Spinat zugeben, kurz dünsten, sodass der Spinat gut zusammenfällt, mit Pfeffer und Salz würzen und in die Pilze füllen. Gorgonzola mit Crème fraîche verrühren, mit Pfeffer und Salz abschmecken und auf den Champignons verteilen.

Bei 200 °C 15 Minuten im Backofen überbacken.

Champignonplätzchen

Teig

600 g Weizenvollkornmehl, fein gemahlen
1 Würfel Biohefe
1 EL Olivenöl
1 TL Salz
350 - 400 ml Wasser

Füllung

500 g Champignons
1 EL Olivenöl
1 EL Tomatenmark
2 - 3 EL Sahne
Salz
Pfeffer
Oregano

Das Mehl in eine Schüssel geben, die Hefe darüberkrümeln, Öl und Salz an den Rand geben und mit dem warmen Wasser zu einem glatten Teig kneten. An einem warmen Ort 30 Minuten gehen lassen.

Für die Füllung die Champignons putzen und in Scheiben schneiden. In Öl anbräunen und Tomatenmark, Sahne, Salz, Pfeffer und Oregano zugeben und weiterdünsten, bis die Flüssigkeit verdampft ist.

Den Teig kurz durchkneten, messerrückendick ausrollen und mit einer Tasse oder einer Ausstechform Plätzchen von 10 cm Durchmesser ausstechen. Die Teigränder mit Wasser bestreichen.

In die Mitte 1 EL der Füllung setzen und die Plätzchen zur Hälfte zusammenklappen. Die Ränder mit den Gabelzinken festdrücken.

Die Plätzchen auf ein gefettetes Backblech setzen und bei 220 °C etwa 20 Minuten backen.

Die Champignonplätzchen schmecken warm und kalt.

Gemüsebratlinge

3 Möhren
1 Kohlrabi
1 Zwiebel
50 g Grünkernmehl, fein gemahlen
100 g Dinkelmehl, fein gemahlen
2 TL Kräutersalz
Pfeffer
1 TL Senf
½ TL Kurkuma
150 g Crème fraîche
2 EL Sesam

Möhren und Kohlrabi schälen und fein raspeln, Zwiebel schälen und fein hacken.
Alle Zutaten miteinander vermengen.
Kleine flache Bratlinge formen und In einer Pfanne mit Sonnenblumenöl ausbacken.

Gefüllte Gemüsebrötchen

250 g Weizenvollkornmehl, fein gemahlen
250 g Dinkelmehl, fein gemahlen
125 g Buchweizenmehl, fein gemahlen
1 Würfel Biohefe
300 ml Wasser
2 TL Meersalz
60 g Butter

Aus diesen Zutaten einen Vollkornteig bereiten. Hefe in Wasser auflösen, die Hälfte des Getreides unterrühren und den Vorteig gehen lassen. Dann den Rest zufügen und zu einem geschmeidigen Teig kneten.

Füllung

200 g Pilze
3 Zwiebeln
2 Knoblauchzehen
1 Paprika
1 Stange Porree

Kräutersalz
Pfeffer
Basilikum
Oregano
Öl zum Braten

Alle Zutaten kurz anbraten.

Soße

400 g Crème fraîche
1 kleines Glas Tomatenmark
Pfeffer
Kräutersalz

Die Zutaten zu einer cremigen Soße verrühren.

Den Teig ausrollen, die Soße daraufstreichen und kleine Quadrate (10 x 10 cm) aus dem Teig zuschneiden, dann etwas Füllung daraufgeben und zusammenklappen.

Bei 200 °C 25 bis 30 Minuten im Backofen backen.

Gemüsewaffeln mit Dipp

500 g Weizenvollkornmehl, fein gemahlen
200 g Sahne
100 ml Wasser
150 g Crème fraîche
2 Eier
½ TL Vollmeersalz

Die Zutaten gut vermengen und ½ Stunde ziehen lassen.

2 kleine Möhren, grob geraspelt
½ Kohlrabi, geraspelt
1 Stange Porree, fein geschnitten
1 Zwiebel fein, gewürfelt
Pfeffer

Das Gemüse und die Gewürze in den Teig geben, gut durchkneten und zu Waffeln ausbacken.

Dipp

200 g Crème fraîche
Kräutersalz
Pfeffer
Senf
2 EL Sahne
1 Knoblauchzehe, ausgepresst

Alles zusammen verrühren.

Kartoffelfladen

500 g Weizenvollkornmehl, fein gemahlen
1 Würfel Biohefe
1 TL Salz
300 g Wasser
6 EL Sonnenblumenöl

300 g Crème fraîche
Kräutersalz
Pfeffer
1 Knoblauchzehe, ausgepresst
300 g Pellkartoffeln, gekocht und abgepellt
2 Zwiebeln, in feine Scheiben geschnitten
3 EL Olivenöl

Die Hefe in Wasser auflösen und das Mehl zugeben, sodass ein dicker Brei entsteht. 20 Minuten gehen lassen. Sonnenblumenöl und Salz dazugeben und gut durchkneten.

Crème fraîche mit Kräutersalz, Pfeffer und Knoblauch verrühren.

Aus dem Teig kleine Fladen ausrollen und mit der angerührten Crème fraîche bestreichen, Kartoffelscheiben und Zwiebeln darauflegen und mit dem Olivenöl beträufeln.
Auf ein gefettetes Backblech geben.

Bei 180 °C 25 Minuten im Backofen backen.

Kartoffel-Waffeln mit Apfelmus

200 g Sahne
200 g Wasser
200 g Crème fraîche
1 TL Kräutersalz
½ TL Kurkuma
Pfeffer
2 Knoblauchzehen
1 Zwiebel
200 g Weizenvollkornmehl, fein gemahlen
80 g Kamutmehl
50 g Braunhirsemehl, fein gemahlen
1 Handvoll Petersilie
500 g Kartoffeln

Sahne, Wasser, Crème fraîche, Kräutersalz, Kurkuma und Pfeffer zusammen verrühren. Mehl unterrühren.

Kartoffeln waschen und sauber putzen, dann mit der Schale fein raspeln. Knoblauch zerdrücken und zugeben, die Zwiebel fein schneiden, Petersilie hacken und alles in den Teig geben und unterrühren.

In einem Waffeleisen ungefähr 7 Waffeln backen.

Apfelmus

7 Äpfel

Die Äpfel in Würfel schneiden und in einen Kochtopf so viel Wasser geben, dass der Boden bedeckt ist. Die Äpfel dazugeben, kurz aufkochen und mit dem Pürierstab pürieren.

Kürbisecken mit Kürbiskernpesto

500 g Hokkaido-Kürbis
2 EL Olivenöl

Kürbis in 2 cm dicke Spalten zerteilen, entkernen, dann in kleine Stücke schneiden. Auf ein gefettetes Backblech legen.

Bei 200 °C etwa 25 Minuten im Backofen backen.

Pesto

100 g Kürbiskerne
3 EL frisch geriebener Parmesan
½ TL geriebene Zitronenschale
100 ml Olivenöl
30 ml Kürbiskernöl (wenn nicht vorhanden, Olivenöl verwenden)
1 Bund Petersilie
Salz
Pfeffer

Kürbiskerne anrösten und auf einem Teller auskühlen lassen.
Petersilie waschen, trocken tupfen und grob hacken.
Alle Zutaten für das Pesto in einen Zerkleinerer geben und zu einer Paste verrühren. Mit Salz und Pfeffer würzen.

Mit einen Löffel auf jedes gebackene Kürbisstück etwas Pesto geben und die Stücke auf einer Platte anrichten.

Linsensalat mit Gemüse

250 g getrocknete Linsen
750 g Gemüsebrühe
2 Paprikaschoten
2 - 3 Tomaten
1 - 2 Zwiebeln
Kräuter der Provence (Thymian, Basilikum, Majoran usw.)
3 EL Basilikumessig
5 EL Olivenöl
Kräutersalz
Pfeffer
Senf

Linsen in der Brühe 45 Minuten weichkochen, darauf achten, dass sie nicht zerkochen.

Paprikaschoten und Tomaten in kleine Würfel schneiden.
Zwiebeln klein schneiden.
Linsen abgießen, kalt abschrecken und abtropfen lassen.
Zwiebeln, Tomaten, Paprika und Linsen miteinander vermischen.

Aus den restlichen Zutaten eine Soße herstellen und zum Salat geben.

Vor dem Servieren 30 Minuten durchziehen lassen.

*Mögen deine Freuden
so tief sein wie das Meer
und deine Sorgen so leicht
wie der Schaum auf den Wellen.*

Segenswunsch

Pikante Hefeschnecken

Hefeteig

500 g Weizenvollkornmehl, fein gemahlen
40 g Biohefe
1 TL Salz
250 g Wasser
1 EL Butter

Hefe in Wasser auflösen, Mehl zugeben und den Vorteig eine 1/2 Stunde stehen lassen. Dann mit Salz und Butter kräftig durchkneten und den Hefeteig und ausrollen.

Füllung

4 EL Olivenöl
3 Zwiebeln
1 Stange Porree

Das Gemüse klein schneiden und kurz anbraten. Abkühlen lassen.

Creme

150 g Crème fraîche
Kräutersalz
Pfeffer
Paprikapulver

Crème fraîche mit Kräutersalz, Paprikapulver und Pfeffer würzen.

Erst Crème fraîche auf den Hefeteig streichen, dann das Gemüse darauf verteilen. Den Teig vorsichtig aufrollen. 2 cm dicke Scheiben abschneiden und auf ein mit Backpapier ausgelegtes Backblech legen.

Bei 200 °C 20 bis 25 Minuten im Backofen backen.

Pizzabrötchen

600 g Weizenvollkornmehl, fein gemahlen
1 Würfel Biohefe
200 ml Sahne-Wasser-Gemisch
4 EL Öl
1 TL Vollmeersalz

Hefe in der Flüssigkeit auflösen und das Weizenvollkornmehl unterheben.
Wenn der Vorteig gegangen ist, Öl und Salz Zutaten hinzufügen.

Alles gut durchkneten.

Füllung

1 Stange Porree
5 Pilze
1 Zwiebel
150 g Crème fraîche
1 - 2 TL Kräutersalz
Pfeffer

Das Gemüse putzen, klein schneiden und kurz anbraten.
Es muss völlig abgekühlt sein, bevor es als Füllung auf den Teig gegeben wird.

Den Teig ausrollen, Dreiecke zuschneiden und mit dem Gemüse füllen.
Die Dreiecke dann zusammenlegen und an den Rändern fest andrücken,
damit sie ganz geschlossen sind.

Bei 200 °C 25 Minuten im Backofen backen.

Brot und Brötchen

Apfelpummel

550 g Weizenvollkornmehl, fein gemahlen
100 g Butter
100 g Crème fraîche
1 Würfel Biohefe
1 TL Salz
1 TL Honig
2 Äpfel
1/2 TL Zimt (je nach Geschmack)
300 ml Sahne-Wasser-Gemisch

Vorteig

Die Hefe in dem Sahne-Wasser-Gemisch auflösen. Die Hälfte des Weizenvollkornmehls hineinrühren und den Teig gehen lassen.

Hauptteig

Nach dem Gehen den Rest des Mehls, Crème fraîche, Honig und Salz zugeben. Dann wird der Teig kräftig durchgeknetet, zum Schluss werden die fein gewürfelten Äpfel untergehoben.
Aus dem Teig „Pummel" (das sind etwas größere Brötchen) formen, auf das Backblech setzen und nochmal 20 Minuten an einem warmen Ort gehen lassen.

Bei 200 °C 25 Minuten im Backofen backen.

Butterbrötchen

500 g Weizenvollkornmehl, fein gemahlen
300 ml Wasser
1 Würfel Biohefe
1 TL Salz
80 g Butter

Vorteig

Hefe in Wasser auflösen, Weizenvollkornmehl dazugeben und aufgehen lassen.

Hauptteig

Salz und Butter zum Vorteig geben und kräftig durchkneten. Der Teig sollte schön geschmeidig sein. Davon dann ungefähr 10 Brötchen formen.

Bei 200 °C 20 bis 25 Minuten im Backofen backen.

Ich kann die Richtung des Windes nicht ändern, aber ich kann meine Segel so anpassen, dass ich mein Ziel jederzeit erreiche.

Jimmy Dean

Die lockeren Vollkornbrötchen
von Schwiegervater Albert

1,3 kg Weizenvollkornmehl, fein gemahlen
400 g Crème fraîche
200 ml Sahne-Wasser-Gemisch
2 Würfel Biohefe
6 EL Olivenöl
100 g Butter
2 TL Salz

Vorteig

Die Hefe mit dem Sahne-Wasser-Gemisch verrühren und 500 g Weizenvollkornmehl dazugeben, alles gut verrühren. Zum Gehen 15 Minuten an einem warmen Ort stehen lassen.

Hauptteig

Den Rest Mehl und die anderen Zutaten dazugeben und kräftig durchkneten. Brötchen formen und nochmal 15 Minuten gehen lassen.

Bei 200 °C 25 Minuten im Backofen backen.

Dinkelbrot mit Mohn

700 g Dinkelmehl, fein gemahlen
200 g Wasser
150 g Crème fraîche
40 g Mohn, fein gemahlen
80 g Butter
30 g Biohefe
20 g Salz

Crème fraîche und Wasser verrühren. Die Hefe darin auflösen und ein Drittel des fein gemahlenen Dinkelmehls hineinrühren.
Den Teig 20 Minuten gehen lassen.
Den Rest des Dinkelmehls, das Salz und den Mohn dazugeben und gut durchkneten.

Zwei Kastenformen (25 cm lang) mit Butter fetten, wer möchte, kann die Formen mit Mohn dünn ausstreuen. Den Teig auf beide Formen aufteilen.

Ungefähr eine 1/2 Stunde zum Gehen an einen warmen Ort stellen.

Bei 200 °C 35 bis 40 Minuten im Backofen backen.

Kräuterbrot

Teig

600 g Weizenvollkornmehl, fein gemahlen
1 Würfel frische Biohefe
150 g Crème fraîche
1 TL Salz
1 EL Öl
¼ l Sahne-Wasser-Gemisch
50 g Butter

Die Hefe in dem Sahne-Wasser-Gemisch auflösen und das Mehl hinzufügen.
Einen Vorteig herstellen und 15 Minuten ruhen lassen.
Dann alle anderen Zutaten unterkneten und 30 Minuten gehen lassen.

Kräuter

2 EL Sesam
Petersilie
Schnittlauch
Dill
Thymian
Schwarzkümmel
Koriander

Die Kräuter fein hacken und den Teig ausrollen, Sesam daraufstreuen, die gehackten Kräuter daraufgeben, den Teig wieder zusammenrollen und in eine Kastenform geben.

Bei 200 °C 30 Minuten im Backofen backen.

Hefezopf

600 g Weizenvollkornmehl, fein gemahlen
1 Würfel Biohefe
1 EL Honig
¼ l Sahne-Wasser-Gemisch
1 TL Salz
60 g Butter
2 EL Crème fraîche
1 Zitrone (Schale abreiben, Saft einer ½ Zitrone auspressen)

1 EL Butter
Gehackte Nüsse oder Mandeln

Die Hefe in dem Sahne-Wasser-Gemisch auflösen. Dann die Hälfte des Mehls zugeben und unterrühren, den Rest des Weizenvollkornmehls daraufstreuen und ungefähr 15 Minuten stehen lassen.

Salz, Honig, Butter, Crème fraîche, Schale und Saft der Zitrone zugeben und alles sehr gut durchkneten, bis ein elastischer Teig entsteht.
Dann den Teig in 3 Portionen teilen und einen Zopf flechten.
Auf das mit Backpapier ausgelegte Backblech legen.

1 EL Butter in einem Topf schmelzen, den Zopf damit bestreichen und mit den gehackten Nüssen oder Mandeln bestreuen.

Bei 200 °C 35 Minuten im Backofen backen.

Tipp: Sollte der Teig zu fest sein, etwas mehr Butter nehmen und den Teig noch einmal richtig durchkneten.

Heißewecken

600 g Dinkelmehl oder Weizenvollkornmehl, fein gemahlen
250 g Butter
1 Würfel Biohefe
½ l Sahne-Wasser-Gemisch
2 EL Honig
1 TL Salz
125 g Rosinen
80 g Korinthen
1 Tüte Kardamom

Hefe in dem Sahne-Wasser-Gemisch auflösen, die Hälfte des Mehls zugeben und gehen lassen. Nach 15 Minuten die restlichen Zutaten zugeben und gut kneten, bie ein weicher Teig entsteht.
Kleine Fladen auf ein gefettetes Backblech legen und nochmal ungefähr eine 1/2 Stunde gehen lassen.

Bei 200 °C 25 Minuten im Backofen backen.

Kürbisbrot

800 g Dinkelmehl, fein gemahlen
300 ml Sahne-Wasser-Gemisch
1 Würfel Biohefe
300 g Kürbis
1 ½ TL Meersalz
120 g Kürbiskerne

Vorteig

Sahne-Wasser-Gemisch und Hefe verrühren und ein Drittel des Dinkelmehls zugeben, 15 Minuten gehen lassen.

In der Zwischenzeit den Kürbis fein raspeln und zu Mus kochen.

Hauptteig

Den Rest des Mehls und das Meersalz hinzufügen und alles gut durchkneten. Das Kürbismus und die Hälfte der Kürbiskerne unterkneten und den Teig in eine gefettete Backform geben. Den Rest der Kürbiskerne auf das Brot streuen.

Bei 200 °C 35 Minuten im Backofen backen.

Pikante Franzbrötchen

700 g Weizenvollkornmehl, fein gemahlen
300 ml Wasser
1 Würfel Biohefe
½ TL Honig
1 TL Salz
1 TL Butter
100 g Crème fraîche
200 ml Sahne-Wasser-Gemisch
Schwarzkümmel
150 g Crème fraîche zum Bestreichen

Hefeteig

Hefe in 300 ml Wasser auflösen, 300 g Weizenvollkornmehl einrühren und 15 Minuten gehen lassen.
Das restliche Mehl, das Sahne-Wasser-Gemisch, 100 g Crème fraîche und die Butter dazugeben und kräftig durchkneten. Den Hefeteig 25 Minuten ruhen lassen.

Den Teig zu einem Rechteck ausrollen, mit Crème fraîche bestreichen, mit Schwarzkümmel bestreuen, dann aufrollen und in 4 cm breite Stücke schneiden.

Mit einem Kochlöffel die Stücke zwischen den Schnittkanten in der Mitte kräftig eindrücken, sodass sich die Seiten hochwölben.

Auf das Backblech legen und nochmal gehen lassen, bis sich die Brötchen sichtbar vergrößert haben.

Bei 200 °C 25 Minuten im Backofen backen.

Rosinenbrot

2 Würfel Biohefe
500 ml Sahne-Wasser-Gemisch
500 g Dinkelmehl, fein gemahlen
500 g Weizenvollkornmehl, fein gemahlen
80 g Butter
150 g Crème fraîche
200 g Rosinen, 10 Minuten in lauwarmem Wasser eingeweicht
1 EL Meersalz

Die Hefe in der Flüssigkeit auflösen und 300 g Mehl hineinrühren.
Den Rest des Mehls daraufgeben und ungefähr 45 Minuten stehen lassen.
Alle anderen Zutaten dazugeben und mindestens 10 bis 15 Minuten gut durchkneten.

Zwei Backormen mit je 25 cm Durchmesser mit Butter ausfetten und den Teig darin verteilen.

Die Brote nochmal 30 bis 45 Minuten ruhen lassen, der Teig sollte gut aufgehen.

Bei 200 °C 40 Minuten im Backofen backen.

Rosinenbrötchen von Gisela

¼ l Sahne-Wasser-Gemisch
2 Würfel Biohefe
1 kg Weizenvollkornmehl, fein gemahlen
2 TL Salz
1 - 2 Eier oder 200 g Crème fraîche
8 EL Sonnenblumenöl
80 g Butter
1 TL Honig
1 Handvoll Rosinen, über Nacht in kaltem Wasser oder vor der Zubereitung ungefähr 10 Minuten in heißen Wasser eingeweicht

Vorteig

Hefe im Sahne-Wasser-Gemisch auflösen, die Hälfte des Mehls einrühren und 15 Minuten gehen lassen.

Hauptteig

Rest des Mehls und alle anderen Zutaten zugeben und kräftig durchkneten. Aus dem Teig kleine Brötchen formen. Nochmal 15 Minuten an einem warmen Ort gehen lassen.

Bei 180 bis 200 °C (Heißluft) 25 Minuten im Backofen backen.

Sonntagsbrötchen

Vorteig

10 g Biohefe
300 ml lauwarmes Wasser
500 g Weizenvollkornmehl, fein gemahlen

Hefe in Wasser auflösen, Weizenvollkornmehl einrühren und ungefähr 12 Stunden stehen lassen.

Hauptteig

1 Würfel Biohefe
300 ml Wasser
550 g Dinkelmehl, fein gemahlen
80 g Weizenvollkornmehl, fein gemahlen

3 EL Butter
80 g Crème fraîche
2 TL Salz
800 g Vorteig

Hefe in Wasser auflösen, das Dinkelmehl dazugeben und 15 Minuten stehen lassen. Dann alle anderen Zutaten dazugeben und 10 Minuten mit der Küchenmaschine durchkneten.
Falls keine Küchenmaschine vorhanden ist, mit der Hand den Teig 15 Minuten kneten.

Danach kleine Brötchen formen, auf das mit Backpapier ausgelegte Backblech setzen und nochmal ungefähr 20 Minuten im warmen Zimmer stehen lassen.

Bei 200 °C 25 Minuten im Backofen backen.

Weizenvollkornbrötchen mit Crème fraîche

600 g Weizenvollkornmehl, fein gemahlen
250 ml Wasser
1 Würfel Biohefe
200 g Crème fraîche
30 g Butter
½ TL Vollmeersalz
Ölsaaten zum Verzieren (Sonnenblumenkerne, Sesam, Kürbiskerne, Mohn usw.)

Wasser in eine Schüssel geben und die Hefe darin auflösen.
Das Mehl unterrühren. Den Vorteig aufgehen lassen bis er sich verdoppelt hat.

Salz, Butter und Crème fraîche zugeben.
Der Teig muss sehr gut durchgeknetet werden, entweder mit der Hand oder mit der Küchenmaschine. Die optimale Konsistenz ist druckelastisch und trocken.

Aus dem Teig Brötchen formen und einmal kurz in kaltes Wasser tauchen, danach mit den gewünschten Ölsaaten verzieren.

Nicht zu dicht auf ein mit Backpapier ausgelegtes Backblech legen und nochmal 15 bis 20 Minuten gehen lassen.
Die Brötchen sollten sich in der Größe verdoppelt haben.

Bei 200 °C 20 bis 25 Minuten in einem vorgeheizten Backofen backen.

Brotaufstriche

Avocado-Creme

1 Avocado
150 g Crème fraîche
1 TL Kräutersalz
Pfeffer
Kurkuma
3 EL Schnittlauch
1 TL mittelscharfer Senf

Avocado aus der Schale schälen und den Stein zur Seite legen.
Das Avocadofleisch mit einer Gabel zerdrücken.
Alle anderen Zutaten verrühren und die zerkleinerte Avocado unterheben.
Den Stein der Avocado hineinlegen, dann wird die Creme nicht braun.

Die Avocado-Creme schmeckt zu Pellkartoffeln und als Brotaufstrich.

Tipp:
In Naturkostläden gibt es Senf ohne Industriezucker.

Cashew-Kräuterbutter

250 g Butter
100 g Cashewkerne
1 Peperoni
2 Knoblauchzehen
1 Handvoll Petersilie und Schnittlauch
Kräutersalz
Pfeffer
Kurkuma

Die Cashwekerne fein mahlen, die Peperoni fein hacken, die Knoblauchzehen auspressen, Petersilie und Schnittlauch fein hacken.
Dann die Butter cremig rühren, die Cashewkerne, die Peperoni, den Knoblauch, die Petersilie und den Schnittlauch dazugeben und gut verrühren.
Mit Kräutersalz, Pfeffer und Kurkuma abschmecken.

Kräuter-Nussbutter

250g Butter (weich)
130 g Cashewkerne
1 Chili-Peperoni
2 Hände voll Kräuter (Löwenzahn, Sauerampfer, Petersilie, Schnittlauch, Giersch, Gänseblümchen, ein Paar Blätter Babyspinat, falls vorhanden)
Kräutersalz
Pfeffer
Kurkuma

Die Cashwekerne fein mahlen, die Peperoni und die Kräuter fein hacken.
Dann die Butter schaumig rühren, Cashewkerne, Peperoni und Kräuter dazugeben und gut verrühren.
Mit Kräutersalz, Pfeffer und Kurkuma abschmecken.

Brotaufstriche

Kürbiskern-Aufstrich

100 g Kürbiskerne
250 g Butter
1 Peperoni
1 TL Paprikapulver
Kräutersalz
Pfeffer
Koriander

Die Kürbiskerne in einer Pfanne ohne Fett rösten und auskühlen lassen. Danach fein mahlen. Die Peperoni fein hacken.
Butter schaumig schlagen, Kürbiskerne, Peperoni und Gewürze dazugeben und gut verrühren. Den Aufstrich pikant abschmecken.

Linsencreme

250 g rote Linsen
250 g Butter
2 Knoblauchzehen
1 Zwiebel
½ Bund Petersilie
Kräutersalz
Pfeffer
Thymian
½ TL gemahlenen Piment

Die roten Linsen eine Viertelstunde in Brühe weich kochen, abkühlen lassen und pürieren. Die Knoblauchzehen pressen, die Zwiebel fein hacken, ebenso die Petersilie.
Butter schaumig rühren und die Linsen unterrühren.
Knoblauch , Zwiebeln, Petersilie zugeben und nochmal gut vermischen.
Dann mit den Gewürzen abschmecken und wieder rühren.

Meerrettich-Rote Beete-Aufstrich

70 g Nackthafermehl, fein gemahlen
30 g Dinkelmehl, fein gemahlen
100 g Gemüsebrühe

130 g Rote Beete
2 EL Meerrettich
2 EL Schnittlauch
2 EL Petersilie
1 TL Senf
Paprikapulver
Kräutersalz
Majoran
Schwarzer Pfeffer
Kräutersalz
Kurkuma
250 g Butter

Aus dem Getreide und der Gemüsebrühe einen Brandteig (vergl. Seite 25) herstellen. Abkühlen lassen.

Rote Beete und Meerrettich fein reiben, Schnittlauch und Petersilie fein hacken.

Die Butter schaumig schlagen. Zum Brandteig Butter, Meerrettich, Rote Beete, Schnittlauch, Petersilie, Kräutersalz und Pfeffer dazugeben und alles gut verrühren.
Mit den Gewürzen abschmecken.

Brotaufstriche

Nussaufstrich

125 ml Gemüsebrühe
75 g Reis

250 g Butter
100 g Cashewbruch

1 Peperoni
Kräutersalz
Pfeffer
Delikata
100 g Tomatenmark
Paprikapulver

Den Reis fein mahlen (geht gut in einer Getreidemühle).
Aus dem Reismehl und der Brühe einen Brandteig (vergl. Seite 25) herstellen.
Abkühlen lassen.

Butter schaumig rühren, den Cashewbruch fein mahlen.
Peperoni von den Kernen befreien und sehr klein schneiden.
Dann alle Zutaten und Gewürze miteinander gut verrühren.

Tipp:
Brotaufstriche kann man hervorragend in kleinen Gläsern einfrieren.

Sesambutter

125 g Butter
50 g Sesam

½ TL Kräutersalz
2 Msp. grüner oder schwarzer Pfeffer, gemahlen

Butter schaumig schlagen.
Sesam in einer trockenen Pfanne leicht rösten, bis er duftet. Erkalten lassen.
Alle Zutaten vermischen, kräftig abschmecken.

Variante:
Einen gehäuften EL kleingeschnittene Zwiebeln in wenig Butter glasig
dünsten, dann unter die Butter-Sesam-Masse rühren.

Süßer Mokka-Aufstrich

250 g Butter
2 EL Honig
1 EL Kakao
1 TL Getreidekaffee
2 EL Kokosflocken

Butter sahnig schlagen und alle anderen Zutaten unterrühren.

Tomaten-Basilikum-Aufstrich

2 EL Grünkern, fein gemahlen
2 EL rote Linsen, fein gemahlen
2 EL Dinkel, fein gemahlen
200 ml Gemüsebrühe

Aus den Zutaten einen Brandteig herstellen (vergl. Seite 25).

250 g Butter, schaumig geschlagen
1 Zwiebel, fein gewürfelt
Hot Pepper
Kräutersalz
Pfeffer, in der Mühle gemahlen
2 Knoblauchzehen, zerdrückt
Kurkuma
Picata

Brandteig, Butter und Gewürze miteinander verrühren.

Wurzel-Tomatenaufstrich

250 g Butter, cremig gerührt
2 Wurzeln, ganz klein geraspelt
1 Zwiebel, ganz klein geschnitten
2 EL Tomatenmark
Kräutersalz
Basilikum
Pfeffer
Thymian

Butter und alle anderen Zutaten verrühren.
Herzhaft abschmecken.

Topinamburpaste

250 g Butter
1 - 2 TL Paprikapulver
1 - 2 TL Curry
1 ½ TL Kräutersalz
Pfeffer
1 kleine rote Chilischote, fein geschnitten
(oder einige Tropfen Hot Pepper)
1 TL Picata
150- 180 g Topinambur, sehr fein geraspelt
1 rote Zwiebel, sehr fein geraspelt
2 EL Tomatenmark

Butter schaumig rühren, am besten 10 Minuten lang. Dann die Gewürze, Kräutersalz und Pfeffer hinzufügen, Topinambur und Zwiebeln unterrühren, zuletzt das Tomatenmark zugeben und nochmal pikant abschmecken.

Entspannen sollte man sich immer dann, wenn man keine Zeit dazu hat.

Kleine Leckereien

Kürbiskernmarzipan

200 g Kürbiskerne, sehr fein gemahlen
400 g Rosinen, sehr fein püriert (zum Beispiel im Thermomix)
2 - 4 EL Kokosflocken

Kürbiskernmehl und Rosinen zusammen verkneten.
Kleine Kugeln formen und in den Kokosflocken wälzen.

In einer geschlossenen Plastikdose im Kühlschrank aufbewahren.
Vor dem Verzehr mindestes 24 Stunden durchziehen lassen.

Haltbarkeit etwa 14 Tage.

Schokolade für Naschkatzen von Gisela

250 g Erdnussmus
100 g Sahne
1 EL Kakao
1 EL Rapshonig oder Sommerhonig
½ TL Vanille
1 TL Zimt
1 EL Kokosraspel

Alle Zutaten verrühren und dann zu einer Rolle formen.
Kleine Plätzchen abschneiden. Auf ein Tablett legen und einfrieren.
Die Schokolade kann man nur im Gefrierfach halten, da sie bei Zimmertemperatur weich wird.

Tipp:
Statt Erdnussmus kann auch Mandel- oder Haselnussmus verwendet werden.

Schokolade von Gisela

3 EL Mandelmus
2 EL Kakao (nur den echten Kakao verwenden, nicht den gesüßten)
1 EL Honig
Vanille
Zimt

Alles gut verrühren, auf Folie legen, ein Stück Folie darauf legen und dann mit einem Nudelholz ausrollen oder in kleine Pralinenkapseln geben.
Dann 3 Stunden ins Kühlfach legen.

Zum Würzen können auch fein gehackte Pfefferminzblätter verwendet werden.

Schokoladen-Nuss-Praline

200 g Haselnusskerne
80 g Honig, neutral schmeckend, z.B. Rapshonig
2 - 3 EL Kakaopulver
¼ TL Vanillepulver
2 Msp. Zimtpulver
½ TL Getreidekaffeepulver
1 EL Sahne

Nusskerne in einer trockenen Pfanne bei mäßiger Hitze leicht rösten. Kerne anschließend auf ein Küchentuch geben und kräftig gegeneinander reiben, dabei fallen allerhand Schalenteile ab. Kerne aussortieren und im Mixer fein zerkleinern. Nussmehl mit Honig und Gewürzen verbinden, abschmecken. Kugeln oder Figuren formen, ggf. in Kakao, gehackten Nüssen oder Hafermehl wenden. Im Kühlschrank fest werden lassen.

Im Kühlschrank hält sich dieses Naschwerk einige Tage.

Tipp:
Wer mag und darf, kann 1 bis 2 EL Rum in die Nougatmasse geben.

Kleingebäck

Erdnussplätzchen

200 g Honig
1 Prise Salz
125 g Butter
125 g Erdnussmus
ausgekratztes Mark einer Vanilleschote
250 g Dinkelmehl, fein gemahlen
½ Pck. Backpulver
150 g Crème fraîche

Honig, Salz, Butter, Crème fraîche und Erdnussmus schaumig schlagen.
Dann Dinkelmehl und Backpulver zugeben und unterrühren.
Kleine Häufchen auf ein mit Backpapier ausgelegtes Backblech setzen.

Bei 180 °C 8 bis 10 Minuten im Backofen backen.

Korinthenplätzchen von Manon

375 g Dinkelmehl, fein gemahlen
250 g Butter
70 g Honig
125 g Korinthen
1 TL Backpulver

Alle Zutaten miteinander verrühren.
Aus dem Teig eine Rolle formen und kleine Scheiben davon abschneiden.
Das Backblech mit Backpapier auslegen und die Scheiben darauflegen.

Bei 175 °C 10 Minuten im Backofen backen.

Peperoniplätzchen

60 g Mandeln
200 g Dinkelmehl, fein gemahlen
50 g Honig
60 g Haselnüsse, gemahlen
1 TL Zimt
¼ TL Peperoni, gemahlen
100 g Butter
1 Ei (bei tiereiweißfreier Kost stattdessen 2 EL Crème fraîche verwenden)

Butter mit Honig cremig rühren, Ei zugeben und weiter rühren.
Dann Dinkelmehl und Nüsse, Zimt und Peperoni dazugeben und alles gut durchrühren. Den Teig ca. 15 Minuten ruhen lassen.
Aus dem Teig kleine Hörnchen formen und ausbacken.

Bei 175 °C 10 bis 15 Minuten im Backofen backen.

*Wenn man die Fähigkeit hat,
die Sonne hinter den Wolken zu sehen,
und nicht über die Wolken vor der Sonne jammert,
dann ist das Leben lebenswert*

Anonym

Pfefferminztaler

125 g Butter
100 g Honig
2 EL Crème fraîche
250 g Kamutmehl, fein gemahlen
1 EL Kakao
1 - 2 Tropfen Pfefferminzöl

Die Butter mit den Honig schaumig rühren.
Crème fraîche und Kakao zugeben und gut verrühren, Kamutmehl und Pfefferminzöl unterrühren.
Kleine Kugeln formen, auf das mit Backpapier ausgelegte Backblech legen und mit einer Gabel flach drücken.

Bei 175 °C 10 bis 15 Minuten im Backofen backen.

Pfefferminzkekse

90 g Honig
14 Blätter frische Pfefferminze, ganz fein gehackt
150 g Butter
1 EL Crème fraîche
2 EL Zitronensaft
200 g Dinkelmehl, fein gemahlen
2 TL Backpulver

Honig, Butter und Crème fraîche verrühren.
Alle anderen Zutaten dazugeben und miteinander verrühren.
Den Teig eine ½ Stunde ruhen lassen.
Dann kleine Kugeln formen und auf das mit Backpapier ausgelegte Backblech legen und mit einer Gabel flach drücken.

Bei 180 °C 10 bis 14 Minuten im Backofen backen.

Cashewstangen mit Schoko

250 g Weizenvollkornmehl, fein gemahlen
50 g Honig
1 Prise Salz
100 g Cashewkerne, ungesalzen
2 Msp. Koriander
1 Msp. Zimt
150 g Butter
80 g Crème fraîche oder 1 Ei

Aus Vollkornmehl, Honig, Salz, Cashewkernen, Koriander, Zimt, Butter und Ei oder Crème fraîche einen glatten Teig kneten.
15 Minuten in Folie kühl (nicht im Kühlschrank) ruhen lassen.
Ofen auf 200 °C (Umluft 180 °C) vorheizen.
Den Teig zu 1 cm dicken Rollen formen, 6 cm lange Stücke abschneiden, auf das Blech legen und 10 bis 12 Minuten im Backofen backen.

Schokoladenguss

110 g Butter
3 EL Honig
3 EL Kakao
1 Msp. Vanille

Butter schmelzen, nicht heiß werden lassen, Kakao, Honig und Vanille dazugeben und gut miteinander verrühren.

Die abgekühlten Plätzen zu einer Hälfte in den Guss tauchen und auf einem Kuchengitter auskühlen lassen.

Schwarz-Weiß-Gebäck von Gisela

250 g Dinkelmehl, fein gemahlen
1 EL Crème fraîche
1 EL Rum
1 TL Vanile
100 g Honig
125 g Butter

für den dunklen Teig:
1 EL Kakao
1 EL Sahne

Butter mit Honig und Vanille schaumig rühren, Crème fraîche und Rum dazugeben. Dann das Dinkelmehl einrühren.

Teig halbieren und an die eine Hälfte Kakao und Sahne geben.

Die Teige ungefähr ½ Stunde kühl stehen lassen.
Aus dem hellen und dem dunklen Teig dünne Rollen herstellen und zusammenflechten. Dünne Scheiben abscheiden und auf das Backblech legen.

Bei 175 °C 12 bis 15 Minuten im Backofen backen.

Walnussplätzchen

200 g Butter
80 g Honig
2 EL Crème fraîche
2 EL Orangensaft (von einer ½ Orange)
200 g Dinkelmehl, fein gemahlen
250 g gehackte Walnüsse
½ TL Zimt
1 Prise Muskatnuss

Butter mit Honig und Crème fraîche schaumig rühren.
Dann nach und nach alle Zutaten dazugeben und gut verrühren.

Aus dem Teig kleine Kugeln formen und mit der Gabel auf dem Backblech flach drücken.

Bei 175 °C 12 bis 15 Minuten im Backofen backen.

Zitronenplätzchen

2 Zitronen, Saft und Schale
80 g Crème fraîche
60 g Honig
1 Prise Salz
300 g Dinkelmehl, fein gemahlen
Kokosraspeln

Alles zusammen verrühren und dann eine Stunde kühl stehen lassen.
Den Teig ausrollen und Plätzchen ausstechen, dann die Plätzchen mit Kokosraspeln bestreuen.

Bei 200 °C 10 Minuten im Backofen backen.

Kuchen ohne Ei

After Eight Torte mit Apfel
von Gisela

Mürbeteig

90 g Honig
150 g Butter
50 g Haselnüsse, gerieben
200 g Dinkelmehl, fein gemahlen
1 TL Backpulver

Honig und Butter schaumig rühren, dann alle anderen Zutaten dazugeben. Eine 1/2 Stunde stehen lassen, dann in eine Obsttortenform geben.

Bei 180 °C 25 Minuten im Backofen backen.

Apfelmus

Einen kleinen Kochtopf nehmen und den Boden mit Wasser bedecken.
4 Äpfel mit Schale kein schneiden und mit 1 EL Honig aufkochen. Dann mit einem Pürierstab pürieren. Abkühlen lassen und auf die kalte Torte geben.

Belag

150 g Crème fraîche
200 g Sahne
1 EL Johannisbrotkernmehl
1 EL Kakao

1 ½ EL Honig
1 Tropfen Pfefferminzöl
¼ TL Vanille

Alles gut verrühren und auf das Apfelmus geben. Die fertige Torte mit Kakao bestreuen und mit etwas Sahne garnieren.

Apfeltorte

125 g Butter
100 g Honig
250 g Weizenvollkornmehl, fein gemahlen
1 TL Backpulver
1 EL Crème fraîche
200 g Sahne

Alle Zutaten außer der Sahne verrühren und eine 1/2 Stunde stehen lassen. Teig in eine Springform geben und den Rand hochziehen.

Füllung

1 kg Äpfel, mit Schale geraspelt
120 g Honig
1 TL Vanile
1 EL Johannisbrotkernmehl
150 g Crème fraîche
100 g Cashewkerne, fein gemahlen

Alle Zutaten vermengen und auf den Kuchen geben.

Bei 170 °C 50 Minuten im Backofen backen.

Über Nacht stehen lassen. Die Sahne steif schlagen und den Kuchen damit verzieren.

Beschwipster Apfelkuchen

Belag

750 g Äpfel, geraspelt
2 EL Rum
150 g Honig

Die Zutaten verrühren und über Nacht stehen lassen.

Kuchenteig

600 g Weizenvollkornmehl, fein gemahlen
1 Pck. Backpulver
200 g Nüsse, z.B. Mandeln oder Haselnüsse, fein gemahlen
1 EL Kakao
200 g Rosinen
1 TL Vanille
½ TL Zimt
150 g Crème fraîche
100 g Butter

Butter, Honig, Crème fraîche und Gewürze gut verrühren.
Backpulver mit dem Weizenvollkornmehl vermengen und zusammen mit den Nüssen in den Teig geben. Alles verrühren und zuletzt die Apfelmasse unterheben. In eine große Kastenform geben.

Bei 175 °C 60 Minuten im Backofen backen.

Köstliche Bratapfeltorte

Mürbeteig

150 g Butter
100 g Honig
300 g Dinkelmehl, fein gemahlen
1 EL Crème fraîche
2 TL Backpulver

Die Zutaten zu einem Teig verkneten und den Teig eine ½ Stunde kühl stellen. Dann in eine gefettete Springform geben und an den Rändern hochziehen.

3 EL Haferflocken
8 Äpfel

Die Äpfel schälen und das Kerngehäuse ausstechen und halbieren.
Die Haferflocken auf den Teig streuen, dann die Apfelhälften auf dem Teig verteilen.

Füllung

200 g Sahne
3 EL Crème fraîche
50 g Honig
3 TL Johannisbrotkernmehl
1 TL Vanille
2 EL Dinkelmehl, fein gemahlen

Alle Zutaten gut verrühren und über die Äpfel geben.

Bei 175 °C 50 bis 60 Minuten im Backofen backen.

Butterkuchen

300 g Dinkelmehl, fein gemahlen
200 g Weizenvollkornmehl, fein gemahlen
2 EL Butter
1 Ei oder 2 EL Crème fraîche
1 Würfel Biohefe
1 Prise Salz
¼ l Sahne-Wasser-Gemisch
100 g Honig
100 g Rosinen, 15 Minuten in etwas Wasser eingeweicht

Hefe im Sahne-Wasser-Gemisch auflösen, das Weizenvollkornmehl hineinrühren und 15 Minuten stehen lassen.
Danach alle anderen Zutaten für den Teig dazugeben und 10 Minuten mit der Küchenmaschine durchkneten.
Ein Backblech fetten und den Teig daraufstreichen.

Belag

200 g Butter
200 g Mandeln, geschnitten und abgezogen
3 - 4 EL Akazienhonig

Die Mandeln auf den Teig streuen. Den Akazienhonig mit einem Löffel über die Mandeln geben. Die Butter in kleinen Flocken gleichmäßig darauf verteilen.
Den Kuchen eine weitere ½ Stunde stehen lassen, bis er gut aufgegangen ist.

Bei 175 °C 30 bis 35 Minuten im Backofen backen.

Tipp:
Der Butterkuchen braucht Zeit, Ruhe und Wärme.
Am nächsten Tag schmeckt er deshalb nach nochmaligem Erwärmen wie frischgebacken.

Erdbeerkuchen

Mürbeteig

150 g Butter
100 g Honig
300 g Weizenvollkornmehl, fein gemahlen
½ TL Vanille
1 EL Crème fraîche

Die Zutaten zusammenrühren und den Teig eine 1/2 Stunde kalt stellen.
Den Mürbeteig in eine gefettete Kuchenform geben.

Bei 175 °C 25 bis 30 Minuten im Backofen backen.

Danach den Kuchen erkalten lassen.

Belag

500 g Erdbeeren
150 g Crème fraîche
2 EL Honig
200 g geschlagene Sahne
1 ½ EL Johannisbrotkernmehl

Ein paar Erdbeeren zum Garnieren zur Seite legen.

Alle anderen Zutaten, außer der Sahne, in eine Schüssel geben und pürieren. Zuletzt die geschlagene Sahne unterheben. Den Belag auf die Torte geben und mit den restlichen Erdbeeren dekorieren.

Hefeblechkuchen

600 g Weizenvollkornmehl, fein gemahlen
40 g Biohefe
125 ml Sahne-Wasser-Gemisch
100 g Crème fraîche
1 Prise Salz
100 g Butter
Zitronenschale 1 Zitrone
Vanille
80 g Honig
100 g Rosinen, in Wasser eingeweicht

Hefe im Sahne-Wasser-Gemisch auflösen, 300 g Weizenvollkornmehl dazugeben und 15 Minuten ruhen lassen. Danach den Rest des Mehls und die anderen Zutaten dazugeben und gut verkneten, nochmal 15 Minuten ruhen lassen.

Belag

200 g Sahne
80 g Butter
100 - 130 g Kokosraspel
2 EL Honig

Alle Zutaten zusammen in einer Pfanne einmal aufkochen, dann etwas abkühlen lassen und auf den Kuchen geben.

Den Hefeteig auf einem gefetteten Backblech verteilen und den Belag daraufstreichen.

Bei 180 °C 35 Minuten im Backofen backen.

Kürbis-Muffins

600 g Hokkaido-Kürbis
10 EL Wasser

220 g Buchweizenmehl, fein gemahlen
220 g Dinkelmehl, fein gemahlen
250 Butter
150 g Crème fraîche
150 g Honig
1 Pck. Backpulver
2 Äpfel, fein gerieben

Den Kürbis klein schneiden und mit dem Wasser dünsten.
Pürieren und abkühlen lassen.

Butter, Honig und Crème fraîche verrühren. Dinkel- und Buchweizenmehl zugeben und gut verrühren, die Äpfel und den Kürbis unterrühren.

Den Teig in eine mit Butter gefettete Muffinform geben.

Bei 180 °C 30 Minuten im Backofen backen.

Mohn-Schneckennudeln

Hefeteig

600 g Dinkelmehl, fein gemahlen
1 Würfel Biohefe
250 ml Sahne-Wasser-Gemisch
2 EL Akazienhonig
1 TL Salz
70 g Butter

Die Hefe im Sahne-Wasser-Gemisch auflösen, 300 g Dinkelmehl dazugeben und verrühren. Ungefähr 15 Minuten stehen lassen. Alle anderen Zutaten und den Rest des Dinkelmehls dazugeben und mindestens 10 Minuten durchkneten, bis ein geschmeidiger Teig entsteht. Den Teig zu einem Quadrat ausrollen.

Füllung

300 g Mohn, fein gemahlen
350 ml Sahne-Wasser-Gemisch
100 g Akazienhonig
150 g Rosinen, gewaschen
3 EL Zitronensaft, frisch ausgepresst
200 g Crème fraîche
1 EL Johannisbrotkernmehl

Das Sahne-Wasser-Gemisch mit dem Honig und dem Mohn einmal aufkochen und kalt werden lassen. Dann Zitronensaft, Rosinen, Johannisbrotkernmehl und Crème fraîche unterrühren. Die Masse auf den Hefeteig streichen und den Teig aufrollen. Ungefähr 12 Streifen abscheiden.

3 EL Butter zerlassen, jeden Streifen in der Butter wenden und in eine gefettete Auflauf- oder Kuchenform geben. Nochmal 15 Minuten gehen lassen und dann backen.

Bei 180 °C 35 bis 40 Minuten im Backofen backen.

Tipp:
Kann sehr gut einfroren und nach dem Auftauen kurz aufbacken werden.

Pflaumenkuchen mit Guss

Hefeteig

600 g Dinkelmehl, fein gemahlen
100 g Hirsemehl, fein gemahlen
1 Würfel Biohefe
400 ml Sahne-Wasser-Gemisch
1 TL Salz
100 g Honig
150 g Crème fraîche
100 g Butter

Die Hefe im Sahne-Wasser-Gemisch auflösen, 300 g Dinkelmehl dazugeben und verrühren. Ungefähr 15 Minuten stehen lassen.
Alle anderen Zutaten und den Rest des Dinkelmehls dazugeben und gut durchkneten. Nochmal 10 Minuten ruhen lassen.
Den Hefeteig auf ein gefettetes Backblech streichen.

Belag

1 kg Pflaumen

Die Pflaumen entsteinen und auf den Teig legen.

300 g Crème fraîche
300 g Sahne
Vanille
2 EL Honig
2 EL Braunhirsemehl, fein gemahlen
1 Handvoll Walnüsse oder Mandeln

Die Crème fraîche und die Sahne mit der Vanille, dem Honig und der Braunhirse verrühren und auf die Pflaumen geben. Nüsse oder Mandeln hacken und auf die Creme geben.

Bei 180 °C ca. 40 Minuten im Backofen backen.

Rhabarberkuchen

Hefeteig

600 g Dinkelmehl, fein gemahlen
80 g Hirsemehl, fein gemahlen
250 ml Sahne-Wasser-Gemisch
50 g Honig
1 Würfel Biohefe
150 g Crème fraîche
100 g Butter

Hefe im Sahne-Wasser-Gemisch auflösen.
Die Hälfte des Getreides hineinrühren und als Vorteig gehen lassen.
Danach alle anderen Zutaten dazugeben und gut durchkneten.
Auf das gefettete Backblech streichen .

Belag

800 g Rhabarber
300 g Crème fraîche
½ TL Zimt
1 TL Vanille
130 g Honig
100 g Mandeln, gerieben
2 TL Johannisbrotkernmehl

Den Rhabarber waschen in kleine Stücke schneiden.
Alle Zutaten vermengen und auf den Hefeteig streichen.
Den Kuchen ½ bis ¾ Stunde ruhen lassen.

Bei 180 °C 35 bis 40 Minuten im Backofen backen.

Tipp:
Kann sehr gut eingefroren und nach dem Auftauen kurz aufgebacken werden.

Rhabarberkuchen

Mürbeteig

125 g Butter
3 EL Honig
270 g Dinkelmehl, fein gemahlen
2 TL Backpulver
1 EL Crème fraîche
½ TL Vanille

Aus den Zutaten einen Mürbeteig anrühren und eine 1/2 Stunde kühl stellen. Den Teig in eine gefettete runde Kuchenform streichen und den Rand hochziehen.

Bei 180 °C (Umluft) 25 Minuten im Backofen backen.

Belag

3 EL Honig
abgeriebene Zitronenschale
400 - 500 g Rhabarber
2 EL Johannisbrotkernmehl

Rhabarber klein schneiden und in 5 bis 6 EL Wasser mit etwas Zitronenschale auf kleiner Flamme kochen, gar ziehen lassen. Mit Johannisbrotkernmehl andicken. Abkühlen lassen und auf den erkalteten Mürbeteig streichen.

Mit 200 g geschlagener Sahne dekorieren.

Kuchen mit Ei

Bisquitboden von Gisela

4 Eier
120 g Honig
200 g Weizenvollkornmehl, fein gemahlen
2 TL Backpulver
1 Prise Salz
pro Eigelb 1 EL heißes Wasser
einige Tropfen Zitronensaft

4 Eigelb und den Honig so lange rühren, bis eine cremige Konsistenz entsteht.
4 Eiweiß, einige Tropfen Zitronensaft und 1 Prise Salz so lange rühren, bis die Masse so steif ist, dass man sie mit dem Messer schneiden könnte.
Das geschlagene Eigelb in eine große Schüssel geben, das steife Eiweiß und zuletzt das mit dem Backpulver vermischte Mehl dazugeben. Alles mit einen großen Schneebesen vorsichtig unterrühren.
Den Teig in eine gefettete Kuchenform geben.

Backofen auf 200 °C aufheizen, den Bisquitboden in den Ofen schieben, auf 160 °C herunter schalten und 25 bis 30 Minuten backen.

Tipp:
Eischnee wird steifer, wenn man dem Eiweiß etwas Zitrone zugibt.
Eine Prise Salz in den Kuchen gegeben, fördert den Geschmack und es ist weniger Honig zum Süßen nötig.

Tipp:
Die Hälfte der Zutaten reicht für einen Obsttortenboden.
Schmeckt lecker mit Zitronencreme.

Tipp zum Bisquitboden von Gisela:

Den Teig kann man auch auf ein mit Backpapier ausgelegtes Backblech streichen.
Backofen auf 200 °C aufheizen, den Bisquitboden in den Ofen schieben,
auf 160 °C herunter schalten und 10 bis 15 Minuten backen.
Sofort nach dem Backen den Bisquitboden auf ein sauberes Geschirrhandtuch stürzern und aufrollen. Nach dem Erkalten ausrollen, das Backpapier entfernen und mit Früchten, zum Beispiel Erdbeeren, Himbeeren und geschlagener Sahne füllen und wieder aufrollen.

Butterwaffeln

200 g Butter
60 g Honig
½ TL Vanille
3 Eier
250 g Dinkelmehl, fein gemahlen
200 g Sahne

Die Eier trennen und das Eiweiß steif schlagen.

Honig, Butter und Vanille schaumig rühren, Dinkelmehl und Sahne zugeben und alles verrühren. Zuletzt das Eiweiß unterheben.

Das Waffeleisen erhitzen und mit Sonnenblumenöl oder Butter etwas einfetten.
Die Butterwaffeln ausbacken.

Schoko-Koko-Rolle von Gisela

Bisquitrolle

4 Eiweiß
4 EL Wasser

Das Eiweiß mit dem Wasser steif schlagen.

80 g Honig
4 Eigelb
160 g Dinkelmehl, fein gemahlen
1 Pck. Backpulver
1 EL Kakao

Den Honig mit dem Eigelb solange rühren, bis die Masse cremig wird. Dinkelmehl mit Kakao und Backpulver mischen und mit einem Rührlöffel unterheben. Eiweiß vorsichtig unterheben.

Ein Backblech mit Backpapier auslegen und den Teig darauf streichen.

Bei 160 °C 10 bis 15 Minuten im Backofen backen.

Sofort auf ein sauberes Geschirrhandtuch stürzen und aufrollen.
Wenn der Kuchen kalt ist, ausrollen und das Backpapier abziehen.

Füllung

400 g Sahne
3 EL Kokosraspeln
1 ½ EL Kakao

Sahne steif schlagen, Kakao und Kokosraspeln unterheben.
Auf den Teig geben und aufrollen.

Wer mag, kann 200 g Sahne steif schlagen und die Rolle damit verzieren.

Marmorkuchen
Erinnerung an meine Kindheit – Rezept meiner Mutter

250 g Butter
200 g Honig
300 g Dinkelmehl, fein gemahlen
2 Msp. Vanille
3 TL Backpulver
5 Eier
2 EL Kakao

Butter und Honig cremig rühren, Vanille dazugeben.
Die Eier einzeln dazugeben und unterrühren.
Dinkelmehl mit Backpulver vermischen und mit der Eimasse verrühren.
Die Hälfte des Teigs abnehmen und mit dem Kakao vermischen.
In eine gefettete Kranzform die Hälfte des hellen Teigs füllen, dann den Kakaoteig und anschließend die andere Hälfte des hellen Teigs daraufgeben.

Bei 175 °C 50 bis 60 Minuten im Backofen backen (Ober und Unterhitze).

Tipp:
Der Marmorkuchen schmeckt in einer Dose aufbewahrt nach drei Tagen immer noch wie am ersten Tag.

*Man muss zeitlebens die Welt
mit Kinderaugen sehen.*

Henri Matisse

Nusstorte von Gisela

Tortenboden

300 g Hasselnüsse oder Mandeln, fein gemahlen
2 EL Dinkelmehl, fein gemahlen
180 g Honig
1 Pck. Backpulver
½ TL Vanille
8 Eier, getrennt in Eiweiß und Eigelb

Eigelb mit dem Honig 5 Minuten schaumig rühren.
Vanille, Nüsse und Backpulver dazugeben und alles gut verrühren.
Eiweiß steif schlagen und unter die Nussmasse heben.
Den Teig in eine mit Backpapier ausgelegte Springform füllen.

Bei 170 °C 30 Minuten im Backofen backen.

Den Nusstortenboden 1 Tag auskühlen lassen.

Füllung

1 l Sahne
½ TL Vanille

Sahne mit Vanille steif schlagen.
Zum Füllen den Boden zweimal quer durchschneiden und mit der geschlagenen Sahne füllen, auch außen mit der Sahne bestreichen.

Zur Dekoraton ein paar Nüsse auf die Torte legen.

Obsttortenboden von Gisela

2 Eigelb
80 g Honig
½ TL Vanille
100 g Dinkelmehl, fein gemahlen
1 Backpulver
2 Eiweiß
2 EL Wasser

Eigelb und Honig cremig rühren, Vanille und das mit Backpulver vermischte Dinkelmehl unterheben.
Eiweiß mit dem Wasser steif schlagen und unter den Teig heben.
Den Teig in eine gefettete flache Tortenform geben.

Bei 160 °C 10 bis 15 Minuten im Backofen backen.

Mit Früchten belegen und Sahne dazu reichen.

*Das sind die Starken,
die unter Tränen lachen,
eigene Sorgen verbergen
und andere fröhlich machen.*

Franz Grillparzer

Orangenkuchen

2 Orangen, Schale und Saft
150 g Butter
80 g Akazienhonig
1 Msp. Vanille
3 Eier
200 g Dinkelmehl, fein gemahlen
1 Pck. Backpulver
100 g Kokosraspeln

Butter, Honig, Vanille und Orangenschale verrühren.
Die Eier nach und nach dazugeben und gut rühren.
Mehl und Backpulver vermischen und unterrühren.

Tortenform mit Butter ausfetten und mit Kokosraspeln ausstreuen.
Den Teig in die Form füllen.

Bei 160 °C (Umluft) 50 Minuten im Backofen backen.

Mit einer Stricknadel ein paar Mal in den Kuchen stechen und den Orangensaft über den Kuchen gießen.

Geschlagene Sahne dazu reichen.

Pflaumenkuchen vom Blech

250 g Butter
200 g Honig
6 Eier
Schale 1 Zitrone
500 g Dinkelmehl, fein gemahlen
1 Pck. Backpulver
100 g Sahne
1 kg Pflaumen

Butter und Honig schaumig rühren, nach und nach die Eier unterrühren. Zitronenschale und Dinkelmehl mit dem Backpulver dazugeben und alles verrühren.
Das Backblech einfetten und den Teig daraufstreichen.

Die Pflaumen entsteinen und auf den Teig legen.

Bei 175 °C 35 Minuten im Backofen backen.

Eine Eiche und ein Schilfrohr
stritten sich über ihre Stärke.

Als ein heftiger Sturm aufkam,
beugte und wiegte sich das Schilfrohr im Wind,
um nicht entwurzelt zu werden.

Die Eiche aber blieb aufrecht stehen
und wurde entwurzelt.

Aesop

Rhabarberkuchen mit Eischnee

Rührteig

250 g Butter
100 g Honig
500 g Dinkelmehl, fein gemahlen
1 Pck. Backpulver
4 Eigelb
Vanille

Honig, Butter, Eigelb und Vanille zusammenrühren.
Dinkelmehl mit Backpulver mischen und unterrühren.
In eine gefettete Backform geben.

Belag

500 g Rhabarber

Den Rhabarber waschen, in kleine Stücke schneiden und auf den Teig geben.

Bei 180 °C 35 Minuten im Backofen backen.

Baiser

4 Eiweiß
2 EL Honig

Eiweiß steif schlagen, den Honig unterheben und auf den Teig geben.

Bei 180 °C weitere 20 Minuten im Backofen backen.

Vanillewaffeln von Gisela

80 g Butter
60 g Honig
Vanille
3 Eier
375 ml Sahne-Wasser-Gemisch
350 g Dinkelmehl, fein gemahlen
1 Pck. Backpulver

Butter, Honig und Vanille verrühren.
Nach und nach die Eier zugeben und gut rühren.
Sahne-Wasser-Gemisch, Dinkelmehl und Backpulver unterrühren.

Die Waffeln in einem mit Sonnenblumenöl gefetten Waffeleisen ausbacken.

Zitronencreme für Bisquitboden

2 Eier
3 EL Honig
Saft von 2 Zitronen
Schale von 1 Zitrone
1 EL Butter

Alle Zutaten in einen Kochtopf geben und unter ständigem Rühren einmal aufkochen.
Dann in eine Schüssel geben und über Nacht in den Kühlschrank stellen.

Zitronentorte

1 Bisquittortenboden
Zitronencreme
1 l Sahne (5 Becher Sahne - handelsübliche Größe)

Einen Bisquittortenboden zwei Mal durchschneiden, sodass 3 Platten entstehen. Auf den unteren Boden die Hälfte der oben beschriebenen Zitronencreme steichen, darüber die steif geschlagene Sahne verteilen. Den zweiten Boden darauflegen und genauso verfahren, dann mit dem dritten Boden bedecken und die ganze Torte mit Sahne bestreichen.

Anhang

Maße und Gewichte

1 gestr. EL Fett	15 g
1 gestr. EL Mehl	10 g
1 geh. EL Mehl	15 g
1 kleine Zwiebel	30 g
1 mittlere Zwiebel	50 g
1 große Zwiebel	70 g
1 kleine Kartoffel	70 g
1 mittlere Kartoffel	120 g
1 große Kartoffel	180 g
½ kg	500 g
1 kg	1000 g
1 Liter	1000 ml / 1000 ccm
¾ Liter	750 ml / 750 ccm
½ Liter	500 ml / 500 ccm
¼ Liter	250 ml / 250 ccm
1 TL	5 ml
1 EL	15 ml
1 Tasse	200 ml
200 g Sahne	1 Becher Sahne (handelsübliche Größe)
200 g Crème fraîche	1 Becher Crème fraîche (handelsübliche Größe)
Sahne-Wasser-Gemisch	zu gleichen Teilen Sahne und Wasser

Abkürzungen

°C	Grad Celsius
ccm	Kubikzentimeter
cl	Zentiliter
cm	Zentimeter
EL	Esslöffel
g	Gramm
geh. EL	gehäufter Esslöffel
geh. TL	gehäufter Teelöffel
gestr. EL	gestrichener Esslöffel
gestr. TL	gestricheren Teelöffel
kg	Kilogramm
l	Liter
ml	Milliliter
Msp.	Messerspitze
Pck.	Päckchen
TL	Teelöffel

Quellen:

Waldtraud Becker
Friedrich Bohlmann
Max Otto Brucker
„Bio", Sonderheft Ausgabe 2010
„Schrot und Korn", Zeitschrift

Korngesund
Bio – wann lohnt es sich wirklich?
Unsere Nahrung unser Schicksal

Vom Reichtum der Schnecke

Die Tiere hatten eine große Versammlung einberufen, weil sie beraten wollten, wie sie sich gegen den Raubbau der Menschen schützen könnten. „Mir nehmen sie fast alles", klagte die Kuh, „die Milch, das Fleisch und sogar die Haut." „Mir geht es auch nicht viel besser", sagte das Huhn, „erst nehmen sie mir dauernd die Eier weg und schließlich muss ich in den Topf." „Von mir nehmen sie das Fleisch und meine schöne Haut", grunzte das Schwein, „das ist eine Sauerei!" „Wie Recht du hast!", meldet sich der Kanarienvogel zu Wort. „Mich sperren sie ein, weil ich ihnen etwas vorsingen soll. Hätte ich bloß nicht so eine schöne Stimme!"

Und so hatten alle etwas zu beklagen: die Hirsche, die Hasen, die Vögel und die Fische, die Wale und die Seehunde, die Leoparden und die Elefanten. Als alle ihre Beschwerde vorgetragen hatten, ließ sich die leise Stimme der Schnecke vernehmen: „Was ich habe, würden mir die Menschen sofort wegnehmen, wenn sie nur könnten. Denn ich habe genau das, was ihnen zu ihrem Wohlergehen am meisten fehlt: Ich habe **Zeit!**"

Zum Schluss wünsche ich allen Lesern ZEIT!

Zeit, die schönen Dinge des Lebens zu genießen.
Dazu gehört auch ein gutes Essen, das alle Sinne erwachen lässt.
Der Duft eines frisch gebackenen Brotes, der uns in die Nase zieht.
Die Sahnetorte, die uns das Wasser im Mund zusammen laufen lässt.
Das frische Gemüse, das mit seinen Farben unsere Augen zum Leuchten bringt.
Das Getreide, das uns kitzelnd durch die Hände läuft.
Und nicht zuletzt die Eieruhr, die uns in den Ohren klingelt und uns sagt,
dass der Kuchen endlich fertig ist.

Ich wünsche Ihnen viel Spaß beim Lesen, Kochen und Genießen.

Petra Burdorf

Schlusswort

Mit Dir, liebe Gila, habe ich die liebste Schwester und Freundin verloren.
Aber in meinem Herzen trage ich Dich immer bei mir.
Und in Deinen Rezepten wirst Du immer bei uns sein.

*Das einzig Wichtige im Leben sind die Spuren von Liebe,
die wir hinterlassen, wenn wir weggehen.*

Albert Schweizer